JN027292

はじめに――ある廃墟の怪異譚

（M野邸）

——廃墟に見る葬儀の痕跡

茨城県

骨壺が示すもの、

「どの廃墟が一番好きですか？」

そんな質問をよく受ける。

相手がそれほど廃墟に精通していない場合には、無難なところで「軍艦島」と答えることにしている。

そうすれば、すぐに納得してもらえるからだ。

一方、廃墟をよく知っている人には、

「廃屋が好きだ」

と正直に答える。

たとえば「工場」は人が働く場所であり、「ホテル」は人が宿泊する場所である。

だが、廃屋というものは人が生活を営み、最も多くの時間を過ごした空間であるはずだ。

そこには生々しい人間ドラマがあり、個人（故人）のプライバシーが残されている。

悪趣味な楽しみ方ではあるが、その残骸に触れることは、日常生活では味わえない体験となりえる。

＊

北関東にかなりの積雪があった日の翌朝、雲ひとつない空は澄んで美しかった。

地方都市の郊外に向かうと、農耕地に囲まれた住宅地にその廃屋はあった。

とりたてて大きな建屋ではないが、平屋の日本家屋に洋風の2階部屋が乗っかっているような近代建築で、お洒落な部類の家だった。

縁側の引き戸が外れてボロボロになったカーテンが小さく揺れている。

家に上がろうと床に体重をかけるが、しっかりとした強度があり、小さく軋む程度だ。

だが、一歩奥に入ると廃屋特有の臭いがした。

生活臭に埃やカビなどの臭いが混じった廃屋特

1階の主の部屋に残された模造刀

残されたさまざまな美術品

2階への階段。突きあたりには掛軸が飾られていた

有の臭いが沈殿する。

とはいえかなり上質な部類の物件である。

廃墟の質というものは、廃墟年齢、劣化・崩壊具合といったハードの部分と、家具や生活用品の残留物の多さであるソフトの部分で決まる。

特に「貴重品」の有無は重要なファクターである。「貴重品」というのは、一般的に価値の高いものではなく、住人のパーソナルな人物像を示すもので、アルバムや賞状、資格証書などが挙げられる。

ここに列挙した条件が、この物件にはすべて当てはまる。残留物があたり一面に埃をかぶって置かれている。

生活用品が経年劣化や自然の力で無秩序に散乱することになるが、その微妙なバランスによっては、人間だけがいなくなった違和感を味わえることになる。

さまざまな残留品から、主人の人物像を紐解いてみよう。「美術商」「地元の名士」「裕福な家

2階の洋室。昭和時代の豪華さだ

庭」……そんなところだろうか。

階段を登った2階の部屋は応接間らしく、かなり豪華な内装や調度品が置かれている。

「これはすごい……」

思わずそう呟いてしまうほどのクオリティである。

1階の奥は主《あるじ》の寝室、廊下を挟んだ向かいが子供部屋となっているようだ。

勉強机の棚には数々の書籍が並んでいる。壁には子供が目指した難関校の名前を記した紙が掲げられ、親の期待を背負っていたことが窺える。

縁側から入ってリビングを目指す。突きあたり左の障子に手をかける。

だが、建屋が歪んでいるせいか、びくともしない。それでも、力を入れて少しずつ開けていく。

部屋のなかは真っ暗でなにも見えない。なんとか内部へ一歩足を踏み入れる。

冬の乾いた爽やかな空気とは違う澱んで重た

残された仏壇。この家の奥方のようだ。主は妻に先立たれたのだ

い空気に包まれる。

そのとき、1000か所以上（※取材当時）の廃墟を巡ってきた経験と直感が警鐘を鳴らす。

眼前は漆黒の闇だ。だがその先へ進んではいけない空間であることがすぐにわかった。

氷点下に近い気温なのに、額には脂汗が流れてくる。

心拍数が上昇し、アドレナリンが大量に分泌されるのがわかった。

なにか得体の知れない圧倒的な存在がいるような気がする……。

い、

それに睨まれているような感覚。

しだいに眼が暗闇に慣れてきて、部屋のなかがゆっくりと見えてくる。

柱時計の横に並ぶ古びた日本人形、開かれた仏壇の上には、家主の配偶者と思われる遺影がある。

恐怖心をなんとか押し殺して、フラッシュライトの電源を入れる。

そのとたん、正面に異様な光景が浮かび上が

仏間に残された振り子時計と日本人形

る。

祭壇の上、骨壺の横には仮の位牌が置かれていた。

10年ものあいだ「葬儀」が中断されたままの部屋。

位牌の戒名はこの家の主であり、享年は平成五年となっている。遺骨の納められた白い骨箱は埃で薄汚れ、歳月の長さを物語っている。

震える手で室内の写真を撮る。時間にしておそらく数分だったろうが、ずいぶん長くそこにいた気がする。

祭壇に背中を向けないよう、そっとあとじさり、音を立てないようにして静かに障子を閉めた。

入る際は固く開かなかったのが嘘のように静かに障子が滑る。

かつて隣県で葬儀の痕跡のある廃屋に遭遇したことはあるが、骨壺が放置されていたのは初めての経験だった。

心霊やオカルトの存在は信じていない私だが、あの部屋に潜んでいたなにかを思い出すと、今でもその恐怖を身近に感じる。

廃屋の外へ出て、大きく深呼吸を繰り返す。あの部屋の穢れを吐き出すように——。

居間に残された葬儀の痕跡。骨壺が放置されている。部屋に入った際の不気味な違和感の正体だろうか

子供部屋。受験勉強を頑張った形跡が残る。父の葬儀を放置してここを去ったのだろうか

ニッポン怪物件

NIPPON
KAI
BUK
KEN

栗原亨

Kurihara
Toru

二見
書房
Futami Shobo

まえがき Foreword

２００２年に『廃墟の歩き方　探索篇』を出版してから20年以上、廃墟探索に魅せられた人間としてメディア出演を果たした２０００年から数えれば、実に四半世紀近くが経過したことになる。

いわゆる「廃墟ブーム」の発祥時期やその背景についてはさまざまな考察がなされており、それ自体が研究テーマになっているほどだが、私の実感としてはやはりゼロ年代初頭以降、一気に広まったという印象が強い。

インターネットの普及により、廃墟サイトやブログによる情報発信が容易になったこと、また既存メディアの雑誌や書籍も廃墟について盛んに取り上げたことが大きく関係しているであろうことは、言うまでもないだろう。しかしそれでも、「廃墟フリーク」は一部の物好きであるというのが一般的な認識であり、メディアが振りまくイメージと実際とは少々乖離があったというのが私の理解である。

そして令和の現在。ＩＴ技術の進化はますます加速し、ＳＮＳ、スマートフォンの普及であらゆる情報の共有が容易になった。

廃墟やその愛好家たちをめぐる状況も大きく変わった。ＳＮＳでは廃墟探索者はもちろんのこと、廃墟写真家などが各々のアプローチで情報や表現を発信し、熱心なフォロワーを多数獲得するようになり、イベントや展覧会などの場での交流も盛んである。

一時のブームで終わらず、いまや廃墟に親しむことは定着し、多様化したのだ。それは個人に留まらない。歴史的に重要な役割を果たした施設廃墟を有する自治体では、それらを廃墟景観として保全し、地域の歴史を伝える新しい活用法としての途を模索する試みもなされている。

廃墟のあり方は、新しいステージを迎えつつあると言っていいだろう。

そのような状況のいま、私の活動も廃墟の未来を考えるイベントの運営メンバーに携わることや、廃墟をモチーフとしたさまざまなアーティストとのコラボイベントなどが増えた。

しかし根は変わっていないつもりである。朽ちつつあった廃墟がついに撤去されるらしいという情報が入ればその最期の姿を捉えに急行し、廃墟化しつつある新物件ありとの噂を耳にすれば、その「廃墟的価値」はいかほどのものかと胸を高鳴らせつつ車を走らせる。そんな廃墟探索活動も約40年になろうとしている。最近は体力維持のためのトレーニングも欠かさない。

なぜそこまで廃墟が好きなのか、未だに明確に答えることはできない。

だが確実に言えることがある。かつての住人を失い、存在意義をなくした廃墟。その朽ちていく建築構造、往時の暮らしを偲ばせる残留物、ときに遭遇する事件・事故の生々しい痕跡、それらが複合して醸し出される異様な空気感と不気味な現象──。未訪の廃墟を探索するたびに味わうその恐怖に、私は魅了されているのかもしれない、と。

廃墟のなかは怪異で満たされているのだ。

有名物件が次々と消えてゆく一方で、新しい廃墟も生まれている。私の廃墟探索は終わらない。

ここに私の探索歴から選りすぐったリアルな怪異譚をお届けする。

栗原　亨　KURIHARA TORU

目次

はじめに
ある廃墟の怪異譚 C1

M野邸
廃墟に見る葬儀の痕跡
骨壺が示すもの C2

＊

まえがき 2

＊

廃墟探索にあたって 7

一、惨物件 9

K藤邸——歌舞伎町の豪邸 10
大都市廃墟の闇を歩く

S田邸——I区資産家殺人放火廃墟邸 16
凄惨な事件と都市の魔力

A香邸——老人孤独死の家 24
〝老いゆく〟廃墟物件に未だ宿るもの

ナトリ屋——オウムの施設と呼ばれた廃墟 31
廃洋館での遺体発見譚

O会館——廃墟の人怖《ヒトコワ》 38
曖昧な境界を侵すものとは

二、幽物件 45

坪野鉱泉——牛首村の舞台 46
廃墟に込められた〝念〟とは

マルイ病院——動画に映った少女 58
伝説の恐怖映像を再検証

ホテルK——有名心霊スポットの怪異 66
謎の画像が「事件」へと結びつくとき

T大学医学部附属病院小石川分院——施設廃墟で遭遇した怪奇現象 74
闇に潜む「存在」

天狗の庭——某宗教施設の廃墟 81
二人に届いた「声」の怪

Contents

三、呪物件 87

K寺 —— 生き人形の住まう寺 5歳の〈ヒトガタ〉 88

軍人の家 —— 「天皇の軍属」の面影 廃墟に遺された戦争の爪痕 98

T沢邸 —— 栗又の滝の不思議な家 現世に極楽浄土を築こうとした男 105

慈愛観音 —— 宗教詐欺師の末路 信仰心と廃墟 114

秘宝資料館 —— 「廃墟の宿命」を背負った物件 逸脱した「手作り秘宝館」のまぼろし 122

四、怪物件 131

K井邸 —— 華麗なる一族の正体 検証された「伝説の物件」 132

軍艦島奇譚 —— 廃墟で心霊現象は起きるのか 光と陰の歴史の境界から 142

SR看護学校 —— 日本初の看護学校が遺したもの 生まれては消えゆく有名廃墟物件 153

「竜宮城」廃墟 —— 個人が建てたカオスの館 主《あるじ》を失った桃源郷 162

カローラ山荘／迦楼羅山荘 —— 森の精神科病院 潰えた「病者の理想郷」の遺物たち 172

Contents

五、哀物件

183

旧長崎刑務所――明治五大監獄の実態　「獄」に繋がれた者たちの視線　184
浦舟細菌研究所――現存した本物のバイオハザード施設　漂うはずのない腐臭　194
レキオリゾート――白亜建築が見せた夢　南国の廃墟が持つ「別種の魔力」　202
朝倉病院――現世に残る煉獄　鉄格子から響く慟哭　209
恐竜の棲む洞窟――異形なものたちが見せる幻影空間　朽ちた展示物の陰で蠢く気配とは　218
11戸の家――謎のゴーストタウン　住人はどこへ消えたのか　226
摩耶観光ホテル――女神の住まう廃墟　優しく迎えてくれた廃墟　234

コラム1　廃墟はなぜ心霊スポットとなるのか?　244
コラム2　心霊廃墟　248

＊

あとがき　252

廃墟探索にあたって

［法律についての理解と注意点］

廃墟探索には、法律の理解が必須です。廃墟の敷地内や建物への侵入は、状況により「建造物侵入罪」や「住居侵入罪」に該当する可能性があります。また、退去要求に応じない場合は「不退去罪」、物品の破壊や持ち出しは「器物損壊罪」や「窃盗罪」、ゴミの不法投棄や放火も重大な罪に問われます。廃墟であっても、法的に保護された財産であることを忘れてはなりません。

誤って私有地に侵入した場合や、騒音により近隣住民からの警察通報を受けた場合、法的な責任を問われることがあります。探索時は冷静な判断力を持ち、事前に権利者から許可を得ることが望ましいです。

［マナーと禁止行為］

廃墟は一時的な存在であり、その価値を損なう行為は厳禁です。無断での侵入や破壊行為は法に抵触するだけでなく、廃墟探索者全体の評判を損なうことにも繋がります。

・窓ガラスや壁の破壊、内部物品の破損や落書き行為は「器物破損」に該当する可能性があります。
・施設パンフレットなど当時無料で配布されていた物品であっても、廃墟内の物を持ち帰る行為は「占有離脱物横領」の可能性があります。
・喫煙、花火、たき火など火気を伴う行為は、最悪の場合「放火罪」に問われる可能性があります。
・探索時は適切な人数で行い、夜間は避け、騒音や迷惑行為を控える必要があります。

廃墟探索は、近隣住民や物件の管理者への配慮が重要です。可能であれば、事前の許可を得ることが推奨されます。無断侵入が発覚した場合は、事情を説明し、誠実に謝罪することが大切です。

廃墟探索は、法的な知識と高い倫理観を持って行うべき活動です。自身の安全と対象への尊重を心がけ、廃墟の価値を守りつつ探索を楽しむことが重要です。

［廃墟探索装備の要点］

以下の装備は廃墟探索の安全性と快適性を高めるために重要です。

・フラッシュライト：廃墟内の暗闇を照らして安全を確保するために必須。LED電球使用のものが主流だが、明かりの質に注意。
・スマートフォン：事故発生時の外界との連絡手段として携帯する。圏外の可能性もあるため、事前に電波状況をチェック。
・カメラ：記録や撮影用。コンパクトデジカメやビデオカメラが推奨されるが、体験を楽しむことも大切。
・衣服：長袖、長ズボンを着用し、肌の露出を避ける。軍パンやゆとりのある衣服が好ましい。
・ブーツ：足を保護するために不可欠。軍用ブーツやタクティカルブーツが最適。
・グローブ：廃墟内の物に触れる際の保護と衛生面で重要。合成皮革製が使い勝手が良い。
・薬品：蚊除けスプレーや虫刺されの薬、消毒液や絆創膏などの応急処置用品を携帯。
・飲料水：探索中の脱水状態を防ぐため、最低５００mlの水またはお茶を用意。

※ 収録されている物件は2003年から2023年の期間に取材を行ったものです。現存する物件もありますが、それらの状況についての本文中の記述は取材当時のもので、現状を保証するものではありません。
なお、廃墟の詳細な所在地に関するお問い合わせにはいっさいお答えできません。また、現存する廃墟を訪れた際、トラブルが発生しても著者および弊社はいっさいの責任を負いません。以上、ご了承ください。

一、惨物件

nkb-01

ZAN

（K藤邸）

――歌舞伎町の豪邸

東京都

大都市廃墟の闇を歩く

日本屈指の歓楽街である新宿・歌舞伎町。中心街からはやや東に外れた場所に、かつて豪邸の廃墟が存在していた。

K藤邸は、ラブホテルや飲食店のビルが立ち並ぶ地域に突如現れる小さな森にあった。いや、庭に植えられた大きな樹々のせいで森に見えるのだ。

眠らない街にもまどろむ時間がある。ネオンが消え、太陽が昇りはじめると、完全に人気《ひとけ》がなくなる。わずか1時間程度のつかの間ではあるが……。

＊

その後、街がリセットされ、再び動き出す。

私は壊れた塀の隙間から、森のなかに体を滑り込ませていく。

荒れ放題の庭は古い落ち葉が幾重にも堆積し、非常に歩きづらくなっている。

空が白みはじめると、それほど大きくはないが豪奢な日本家屋が闇に浮かび上がる。

正面扉は閉じられてはいるものの、侵入者がガラスを破壊しているため、体を屈めればなんとか入ることができた。

玄関から続く廊下には布団が敷かれ、夥《おびただ》しい量の容器が散乱している。まるでゴミ屋敷のようである。

いつものようにまずはフラッシュライトで室内を観察する。

多量の日本酒のカップ瓶とビールの缶があり、さらにわずかな生活用品も見える。

鹿の頭部の剥製

ここを根城にしているホームレスが生活していた痕跡だ。

汚れ具合や空き容器の日付から判断すると2〜3か月ほど前までは誰かが住んでいたようだ。

野ざらしの段ボールハウスと比べればかなり快適に過ごせたはずだ。

さらに豪邸にふさわしい調度品や家具が並んでいる。ピアノや鹿の剥製、リビングには暖炉調の暖房器具まである。

机の上には郵便物などの書類も散乱している

豪邸にふさわしい暖炉を模した内装と、革製のソファ

残されたモノクロ写真。まさに成功者の家族の幸せな生活を切り取ったようだ

結婚式の集合写真。航空会社系のホテルで行ったようである

が、その大半は銀行や株主優待のお知らせで、家主がそうとうな資産家であることが窺える。

応接室らしき部屋には、アルバムが残っていた。写真には長女と思しき人物の結婚式の様子が写っていて、航空会社系ホテルの大広間で20名以上の親族の姿があった。

これだけの家系がなぜ途絶えることになったのかと疑問に思うが、それはこのあと、明らかとなる。

奥の間には仏壇が放置され、位牌が残されたままになっている。家主や妻のものはなく、K藤姓の俗名が彫られていた。

もはや夜逃げあとのように、床一面に残留物が散乱している。

豪邸とはいえ、古い家によくある狭く急な階段を上がっていく。

1階と同様、かなりの物品が残っているが、スキーセットやゲーム機など、若者向けのものが特徴的である。

なかでも印象的なのは、ナチス関連書籍だ。上流家庭には似つかわしくないものだ。

さらには長男の履歴書や妻の残薬など……。

さまざまな残留物から、歌舞伎町に豪邸を所有する資産家の歴史が少しずつ解き明かされていく……。

長女が結婚したあと、なんと長男が自殺したのだ。その後、主《あるじ》であるK藤氏が逝去し病気を患った妻と次男が2人で暮らしていた。

どうやら見た目ほど幸せな家庭ではなかったようだ。

自殺という家族にとっては不名誉な死を遂げた長男の位牌には戒名もなく、親族から引き取りを拒否され放置されていた。

廃墟になった理由が少し判明したものの、まだなにか引っかかるものがある。

残留物から居住者の推測をするしかなく、疑問を残したまま豪邸をあとにした。

敷地から外に出ると、そこはまるで別世界だった。

＊

そして、この話にはまだ続きがある――。

当時、都市伝説系の雑誌に連載を持っていた私は、この豪邸に関する記事の掲載を編集者に打診した。

廃墟に残る仏壇。自殺した長男の位牌が取り残されている

「歌舞伎町の豪邸」は編集長もかなり興味を持ってくれたらしく、その後、ある新聞記事を送ってくれた。そこには、「母親を殺し52歳の次男逮捕」

ナチスドイツについての書籍。当宅で起きた「親殺し」との因果関係は――

多くの書籍といっしょに放置されたスキー板

という見出しがあった。

最後まで豪邸で暮らしていた妻と次男であったが、口論から次男が母親を撲殺してしまったというのだ。

やっとのことで家から逃げ出した老婆は庭で血を流し倒れているのを近所の住人に発見された。

結局、次男は逮捕されることになり、豪邸は廃墟になったのだ。

事の顚末がわかり、すべてのピースが見事にはまる。

巷で心霊スポットとして語られる廃墟には「一家皆殺しの家」とも呼ばれるものが多くあるが、実際それに近い凄惨な歴史がここにはあったのだ。

現在、この物件は取り壊され、駐車場に転用されている。

華麗なる一族は歌舞伎町の巨大なエネルギーに呑み込まれ、跡形もなく消え去った。

リビングのピアノ。象牙製だったのだろうか、鍵盤は何者かに持ちさられていた

S田邸
——I区資産家殺人放火廃墟邸　東京都

凄惨な事件と都市の魔力

国道から1本なかに入った路地。古くからの東京を象徴するような細い道だ。

車がすれ違う道幅がないので、一方通行の道は、不慣れな余所者《よそ》を同じ場所に帰すことを拒む迷宮のようだ。

付近に建つマンションやビルが幻かと錯覚するような閑静な住宅街。

道の傍らには戦後間もなく建てられたような古い木造家屋から欧州のデザインを模したような最新の住宅までもが、まるでひとつの壁のように隙間なく立ち並ぶ。

休日の午後、青くそして高い晩秋の空は数日間晴れつづけた暖かさのなかに、やがて訪れる

敷地は広く、林のようだ

冬の寒さを予感させるような冷気を帯びている。

そうした住宅を過ぎると、ふと小さな森のような敷地に出くわす。

柵の張り巡らされた内部には数多くの樹木が繁茂し、土が見えないくらいの落ち葉が積もる。

野鳥の囀りが聞こえる。大型車が通り過ぎる音がなければ、ここが東京であることを忘れてしまいそうな空間だ。

遠くない過去にこの森の奥が業火に包まれたことなど、微塵も感じさせない――。

＊

約1年半前の深夜、叫び

煤にまみれた屋内の残留物

さしもの豪邸も火災により壁は焼け落ちてしまった

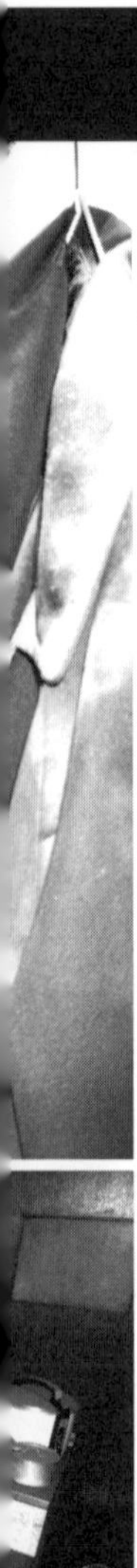

声や人が走り去るような足音を聞いた近隣の女性が違和感を覚え外に出ると、不動産賃貸業を営む向かいの豪邸が燃えていた。

　その火勢は周囲が明るくなるほど熾烈であった。

　ようやく未明に消し止められた家屋からは、家主である資産家の老夫婦が焼死体で発見された。

　解剖の結果、死体からは鈍器で殴られた痕《あと》と刃物による刺し傷が見つかるも、まだ息のあった状態から焼死に至ったことが判明する。

　1千万円近い現金が残されていたり、用心深い主《あるじ》が深夜の来客を招き入れたことなど、さまざまな状況から顔見知りによる怨恨説が有力だが、現在も犯人は捕まっていない。

＊

　敷地には高い金網が張り巡らされ、門の戸には板が打ち付けられ警察の捜査用のビニールテープが今も残っている。

　森のように樹木に覆われた広大な敷地。1年半の歳月で荒れ果てたものの、たくさんの石灯篭、庭石、そして濁った水を湛える池——主がいた頃は美しい庭園だったのだろう。正面に骸《むくろ》のように焼けただれた屋敷がある。建物の体裁がかろうじて残っているので、大きな屋敷であったことが窺い知れる。

　壁が焼け落ちてしまったため、家屋のほとんどが見渡せる。

　ソファの上に置かれたたくさんの壺、豪華な骨組みを残すベッド、溶けたカバーに収められた機械は、オーディオセットのようだ。

　途方もない経済力を感じさせる半面、それらの佇まいに違和感を覚えざるをえない。

　かなりの残留物が見られるが、まるで30年経

煤や灰を被り、物件とともに朽ちる残留物

過した廃墟のように、とても1年半前に時を止めたばかりとは思えないほどすべての物が古めかしいのだ……。

　昭和50年代の典型的な金持ちの家のようである。

　当時の事件の記事を見ると、屋敷の主は毎晩、酒を飲むために10万円近く散財し「俺の飲み代はひと月に300万円だ」と豪語していたそうだが、家のなかでは長年親しんだ家財に囲まれ慎ましく暮らしていたのかもしれない。

　報道はえてして下劣なエンターテインメントに成り下がるものだ。

　それは観る者の欲望を刺激し、欲しがる情報だけを誇張して垂れ流す。

まさかお供えではあるまいが、儚さを醸しだしている

8千平方メートル以上の土地を所有し賃貸収入や借地権取引などで多額の収入があったとされる、人も羨むような資産家夫婦の殺人。

その現実はどうであったのだろう――廃墟のなかの残留物だけですべての真実を知ることはできない。

しかしメディアからの一方的な情報より、現場と残留物が醸しだす空気に包まれて想像するほうが幾分か真実に近づけることもある。

凄惨な事件現場を、わずか1年半という時間で日常の空間へと浄化する東京という街。そのそこ知れぬ魔力に改めて驚愕するのだった。

主を失い動くことのない車たち

A香邸

――老人孤独死の家

埼玉県秩父市某所

〝老いゆく〟廃墟物件に未だ宿るもの

人間は老若男女問わず、「魂」が失われると、その肉体は急速に腐敗し崩れさる。

建造物も同様だ。築年数や素材、構造にかかわらず、人間（住人）という「魂」が失われた瞬間から、自然への回帰に向けて老朽化とは異なる速さで朽ちはじめる。

＊

埼玉県の西部、山に囲まれたこのあたりは、首都に隣接した県央と違い、牧歌的な風景が広がり、美しい自然がいまも多く残っている。

県道から分岐する立派に舗装された生活道路。そこからさらに枝分かれした農業道路の傍

古い農家らしく蔵が残っている

らに農家の廃屋が佇んでいた。

＊

車庫兼納屋の奥に建つ家屋——平屋ではあるがかなりの大きさだ。その奥に外壁の一部が崩れた蔵があり、小さな庭を挟み乾いた畑が広がる典型的な関東平野の農家である。廃墟特有の傷みはあるが、放置された年月から考えると「腐敗」ではなく「老い」に近い状態かもしれない。

玄関を開けると、奥の台所まで続く土間が見え、古くからの日本農家の知恵を感じさせる。左右の壁には農具や工具が丁寧に並べられ、かつて住んでいた家人の几帳面で誠実な人柄が窺える。澱んだはずの空気に重たい感覚はなく、乾いた空間に軟らかい光が差し込み、古い日本家屋が持つ美しいセンチメンタリズムを刺激する。

土間の右側には一段上がった畳敷きの部屋が続く。壁は黒く変色した蜘蛛の巣で覆われている。屋根から雨漏りが滴る床は歪み、腐った畳がやはり黒色に変色している。もともと家具や

かつて家族で囲炉裏を囲んだのであろうか

広がる土間。壁には農具がかけられている

生活道具の多い家ではないが、ほとんどの物が残されたままになっている。いや、汚れさえ取り除けば、「人だけがいなくなった」という表現のほうが近いかもしれない。

リビングに相当する和室があり、その北側の壁際には、神棚と仏壇が残されたままになっている。主人の妻と思われる初老の女性の遺影がその下に飾られている。嬉しそうな笑顔が人の目に触れたのは何年ぶりなのだろうか。

残された位牌の日付から判断するに、廃屋になる16年前に妻が亡くなり、その後は、主人がひとりで暮らしていたようだ。

主の魂のよすがだろうか、夫人の遺影が残る

さらに奥の部屋へと進む。日差しが届かない部屋は空気が湿り、カビの臭いがして、腐った床が自分の体重を支えるたびに、ミシミシと嫌な音を放つ。抜け落ちるギリギリまで軋みながら堪《こら》える。先ほどの土間とは違って暗く澱んだ空気が漂っている。

最深部にはベッドとトイレが置かれていた。それは、介護用の電動リクライニング付きのベッドとポータブルトイレであった。本来は、使用後は業者に返却（もしくは業者が回収）すべきベッドが、なぜここで朽ちているのか――その答えはベッドの上のマットにあった。

そこにはどす黒く広がった染みがあった。経

介護用のベッドとトポータブルトイレ。身体は朽ち果てたが、魂は――

人形たちなどの残留品も物件とともにゆっくりと老いてゆく

験上、それが腐った人体から滲み出た血液などの体液と脂が混ざり、かなりの時間が経過した際にできる色であることがわかる。

ベッドの上で、寝たまま亡くなってしまったのだろうか。残された残留物や状態からは死亡時のことは判断できない。

確実にいえるのは、この染みの上に、死んでから長い期間横たわっていたということだ。

ふとなにかの気配を感じる。恐怖を伴うほどの重い威圧感はないが、ここに留まるのを歓迎するという種類のものでもない。

刹那、鴨居に掛けてある背広が揺れ、遺影の表面に反射した光が顔を照らす……。だが風が吹き込んだ形跡はなく、室内に浮かぶ無数の埃は静かに空間を漂っている。

眠っているなにかを目覚めさせぬよう、ゆっくりと足音を消し後退しながら、居間、土間、そして玄関へと戻っていく。

ベッドの上でまだ主人は寝ているのだ。魂が抜け肉体が滅んだことに気づかず、先祖から受け継いだ土地と家屋を守り、朝が来ればいつものように眼を覚まし、奥さんの位牌に手を合わせる……。この家が消え去るそのときまで幾年月も。

この家の「魂」は抜けてはいない。家人がいなくてもその魂が存在する限り、ゆっくりと老いて、朽ち果てていくのであろう——。

（ナトリ屋）
——オウムの施設と呼ばれた廃墟　埼玉県

廃洋館での遺体発見譚

廃墟にまつわる恐怖譚は数えきれないほど存在する。

だが、「一家が惨殺された廃洋館」は実際には遺産相続問題で処分することもできずに廃墟と化したものであったり、「村人全員が殺戮された廃村」は生業としていた林業が廃れて村人たちが移住したにすぎなかったりした。また「医療ミスで多くの患者が亡くなった廃病院」は、近隣に巨大病院ができて経営不振から倒産したのが真実だった。

廃墟に心霊などはもともと存在せず、廃墟が持つ「不気味」なイメージから生まれた事実無根の噂話にすぎないのだ——極めて稀なケースを除いて……。

＊

夏も終わろうとしていたある日、かつて日本中を震撼させたカルト集団「オウム真理教」の取材に向かった。サティアン（宗教施設）の廃墟が埼玉県の山中にあるという情報を手に入れたのだ。

郊外を1時間近く車を走らせただろうか。その物件にたどり着いたとき、すでに時計の針は夕刻近くを指していた。

1995年、オウム最大のサティアンである上九一色村に大掛かりな捜査が入り、教祖である麻原彰晃が逮捕された。その後、弱体化した教団は全国に新たな中小規模のサティアンを求め信者と共に散っていった。

そんなサティアンのなかでも、麻原の1番目の愛人と称された幹部「石井久子」や実娘であるアーチャリーが移り住んだと噂された建物は、かつてペンションとして運営されていた、かなり大規模な物件であった。

地上2階建ての本館にはテラスルームやウッドデッキが備え付けられ、バーや巨大な2つの浴室が設けられていた。

2階には8部屋ほどがあるが、そのうち1部

門を塞ぐバリケード。オウムの施設を疑う要因のひとつでもある

屋は壁が取り払われて広い集会場のようなスペースになっていた。
　弱体化したあとでも、これほどの物件を所有できるオウムの資金力に戦慄すら覚える。

奥に廃屋となった別荘が見える

　オウムの廃墟ということもあり少なからず期待していたが、おおよその探索を終えると、そんな期待は見事に裏切られたことを知った。

別荘にたどり着く。さほど大きくはない2階建ての廃屋

別荘の内部。生々しい残留物に不気味な空気が濃くなる

廃墟というよりも空き家に近い物件で、ほとんど残留物もない。

それどころか教団が生活していた証拠は紙切れ1枚すら発見することができなかったのである。

日没も近づき、そろそろ撤収しようと建物の外に出たとき、同じ敷地内にひとつの一軒家を発見した。

「幹部用の別宅か？」

期待は高まっていく。

敷地には荒れ果てた植物が繁茂しているので、進むのが非常に困難である。ようやくその一軒家にたどり着き、内部を覗き見ると、生活痕がかなりあり、廃屋として上質な部類に入ることがわかった。

玄関は施錠され、勝手口は内部からロープで固定されていたが、あっけなく窓から潜入することができた。

それほど広くはないが、1階のリビングやダイニングには、かなりの物が放置されたままになっていた。

オウムの痕跡を探すが、やはりなにも見あたらない。

吹き抜けの玄関を通り抜け、2階へと昇っていく。そこには6畳ほどの部屋が3部屋あり、左奥の部屋にはさまざまなものが雑然としていた。

太陽は沈みはじめ、部屋が薄暗くなってきた。すぐさま懐中電灯で照らす。

「ワアッ!!」

そのとき、信じられない光景が眼に飛び込み、一瞬パニック状態に陥る。

家主と思われる人物が、布団を下半身に掛けソファに倒れ込むように座っていたのだ……。

徐々に冷静になってくると、その人間がすでに生きてはいないことがわかった。

真夏をすぎたこの時期にもかかわらず、遺体は腐敗しておらず完全なミイラと化していた。

部屋にもいっさいの腐臭がなく、遭遇を予期することはできなかった。

ジャンパーを着たまま亡くなっていることから、冬にここで亡くなり、半年以上、発見されず眠っていたと思われる。

　オウムとの関連はまったくわからないが、通報して到着した警察からも、「事件性はないので、このあとお呼びすることもないと思います」と言われ、現在まで連絡はない。

　本当に事件でなかったのかどうかは不明である。廃屋の性格からして、もっと上のレベルで事件が処理されている可能性も考えられる……。

　廃墟のなかに遺体があった。

　こちらはこの事実だけ確認できれば、あとはそれ以上知っても仕方がない。

　私はあくまでも廃墟探検家なのだ。

　皮肉なことにまたひとつの廃墟が心霊スポットとして生まれ変わることになるのだろう。

「オウムにポアされた男性ミイラが現れる廃屋が埼玉の山奥にあるらしい」という噂とともに——。

ミイラ化した遺体。事件性はないのか、後日、警察からの連絡もない

O会館 ——廃墟の人怖《ヒトコワ》 千葉県

曖昧な境界を侵すものとは

心霊スポットとして扱われる廃墟。

はたしてそこに霊は現れるのだろうか。

私は実際、霊に出会ったことは皆無だが、霊よりも恐ろしい「人間」には何度か遭遇した。

廃墟とは基本的に、現世とのつながりを絶った空間だ。

本来、人間が必要とし人工的に造られた建造物が、なにかの理由で棄てられ長期間放置される。

人為的な管理を放棄され、その後の運命は自然へとゆだねられる。

もちろん、人為的に破壊されたり、転用される例も少なからず存在するが……。

その隔離された世界にはふつうの「人」は近寄らず、現世のルールもおよばない。

ふつうに生活をしている真面目な若者が、廃墟ではまるで「暴徒」であるかのように豹変しガラスを割り、壁に大穴を開ける。

そのような犯罪行為も、外部から遮断されているため、静止する力が存在しないからだ。

いわば、一時的にではあるが、常識も法律も機能しない。

実際、同じ県内のホテル廃墟で、若い女性が殺され、死体が遺棄される事件も発生した。

彼らは、犯罪行為に最適な場所として誰も来ない「廃墟」を選んだのである。

＊

ホームページがネット情報の主流を占める時代には、廃墟を巡るのにさまざまなリスクが存在することを各管理者が発信し、読者の意識も高かった。

時代は流れ、SNSや動画コンテンツが主流になるにつれ「リスク」はないがしろにされていった。

自称廃墟好きは懐中電灯も持たず、サンダル履きに子供連れで「映える」廃墟を巡るのだ。まるで近所の公園に遊びに行くかのように。

さらに、かつてとは桁違いの数の「心霊系」動画チャンネルが乱立し、心霊スポット廃墟をパリピのようなノリで公開する。

まさにこの原稿を書いているさなか、廃墟に不法侵入した若者に「警察に通報しない代わりに1人30万払え」という恐喝事件まで発生した。

安全と危険の境界線が曖昧になり、そこを踏み越えたときに恐怖は現実となり、背後から静かに忍び寄ることを忘れてはならない。

＊

前置きはこれぐらいにして、廃墟の紹介に移ろう。

房総半島の太平洋側には、かつて海の見えるリゾートとして宿泊施設が数多くあった。

２０００年代に入る頃、実態の伴わない経済は破綻を迎え、多くの物件が廃墟と化した。

そのひとつに、地上8階建てのマンションのような廃墟があった。

ほとんどの窓が割られ、壁面は天井近くまで蔦が生い茂り不気味なオーラを放つ。

ロケーションとしては、商業施設を有する住宅地のはずれに聳《そび》え立っていた。

当初マンションかと思って探索してみたが、1階にはフロントと広いロビー、そして3つの巨大な温泉浴場があった。

2階にはレストランと遊戯場（卓球など）があり、宿泊施設として利用されていたようだ。

このような廃墟は見所が限られている。

部屋が基本的に同じ構造なので、数室見ればあとは大差がないためだ。

その反面、もしかしたらその先に「な

客室。時間とともに植物に侵食されていく

にか」があると期待しつい上へ上へと進んでしまうのも廃虚好きの性《さが》でもある。

ときにその「性」が当たりを引く――このときも最上階の中央の部屋で、それに巡り合った。


まるで誰かが先ほどまで暮らしていたような生活感が残る部屋。

宝物を見つけたように、残骸を調べる。

飲食物のゴミに、風俗系の案内誌、多くはないが食器や衣服なども残されていた。

敷かれた布団脇のテーブルの上には破られた多量の書類が散乱しているのに違和感を覚えた。

破れた紙を並べて内容を確認する。

「○○裁判所　出頭命令　●●(氏名)窃盗罪の件」

「△△警察署　▲▲巡査　□□窃盗事

人が暮らしていた痕跡を客室で発見

件　証拠品」

なんと窃盗事件の犯人が、潜伏して暮らしていた形跡があったのだ。

隣室のゴミの量から考えても、半年レベルで長期滞在していたようだ。

押入にかけてあった衣服は男性のＬＬサイズ、靴のサイズの記載が消えていたが、27センチの私よりかなり大きく30センチはあるだろう。おそらく身長180センチを超える大柄な体格だったにちがいない。

また、職業も建築関連なので体力的にも優れ

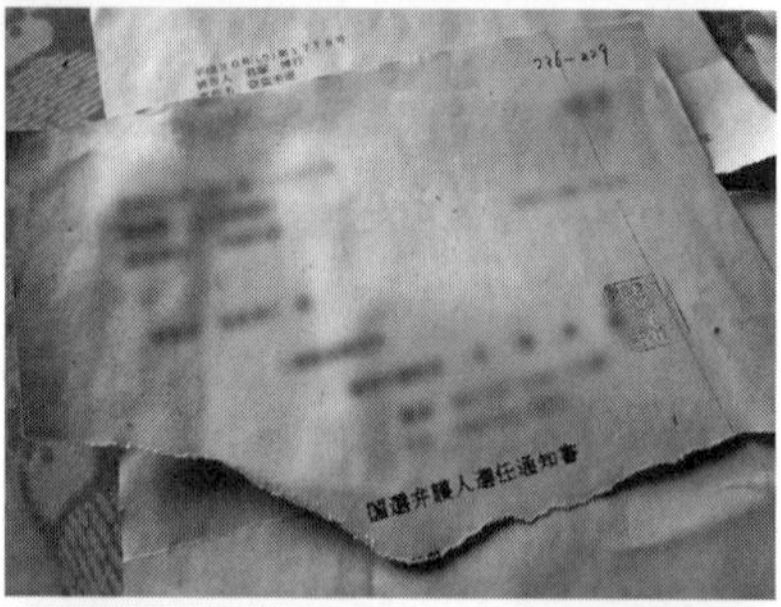

裁判所などから送付された各種書類。犯罪者が潜伏していたのがわかる

ていたはずだ。

この男とここで遭遇したなら……最悪の場合、かなりのダメージを受けていたかもしれない。

ちなみに氏名をネットで検索したところ、隣の市で薬物使用や自動車窃盗で逮捕されたという記事にヒットした。

＊

あくまでも仮定ではあるが、この廃虚に女性だけで侵入したとしよう。

長い期間過ごして建物の構造を知り尽くしている先住者である潜伏犯。

彼は、現在も犯罪を繰り返すような人物でモラルや良心は欠落している。

部屋に残された大量のアダルト雑誌……。

体格が大きく、力のある男性。

現世とは完全に切り離されたこの空間では、泣こうが叫ぼうが誰も助けに来ない。

窃盗犯なので、最悪な結末は回避できたにしても、おそらく一生忘れることのできない「傷」を負う可能性もある。

犯罪者の残留物。靴のサイズは27センチの私よりかなり大きい

もはや逮捕など、なんの抑止力にもならない人間なのだから……。

廃虚に棲む人間は実際に存在し、こちらに危害を加えるのは「心霊から伝播する呪い」ではなく「人間が起こす犯罪」であることを忘れてはならない。

風俗の情報誌や多量のタバコの吸い殻。本能に忠実な人物だったのだろうか

大量のゴミから推測すると半年は潜伏していたのだろう

二、幽物件

nkb-02

YU

坪野鉱泉
——牛首村の舞台　富山県

廃墟に込められた〝念〟とは

恐ろしいほどに着く美しい空。

日本海の水平線には季節外れの入道雲がいくつも並び、雪を戴いた山々から吹く乾いた風は冷たく澄んで、秋の終わりを予感させる。

カーナビのガイダンスが、目的地到着まで約10分であることを告げる。

小高い山間部の道は農地と樹木に囲まれ、牧歌的なほど穏やかで走行しやすい。

恐怖や怪奇といったおどろおどろしいものとは縁遠い時間が、車窓の風景とともに流れている。

だがそれは、突然終わりを告げることになっ

経年劣化により鉄製の外階段が一部崩れ落ちている。廃墟ならではの光景

た――。

視界に現れた廃墟ホテルは圧倒的な存在感で聳《そび》え立ち、禍々《まがまが》しいまでのオーラを放つ。

高層建築物が周囲には見られないため、唯一無二の巨大な建築物。

30年間で約1500か所にもおよぶ廃墟を探訪してきた私だが、これだけの物件に出会えるのは稀有なことである。

この地の風景とのギャップがそのコントラストを増幅させているのもひとつの原因ではあろうが、とにかく異様な景観である。

＊

正式名称「坪野ホテル」、通称「坪野鉱泉」――。

日本の高度経済成長期末期にあたる1970年代に、坪野鉱泉の温泉ホテルとして開業。

地上7階地下1階建てで、温泉施設はもちろんレストランやバー、プールまでも備えた巨大ホテルである。

それは現在のリゾートホテルのような役割を果たしていたのだろう。

社員旅行などの大勢の客をもてなすような業態で経営を続け、テレビCMも流していたそうだ。

その後のレジャーの多様化等による変革の波に乗れず、絶滅した恐竜のようにその巨体をもてあました末、1982年に倒産。

以後、約40年間の長きにわたり廃墟としてその姿を晒しつづけ、北陸で有数の心霊スポットとして君臨していた。

やがて1996年に若い女性2名がこの物件に肝試しに行くと言い残したまま行方不明になる事件が発生。

その24年後に富山新港の海の中に沈んでいた車から遺体が発見されるまで、神隠しホテルとの異名を取り、さらにその地位を強固なものにした。

そうした来歴のせいか、2022年に公開されたホラー映画『牛首村』(清水崇監督)の舞台として実際にロケ地となり、その名は不動のものとなる。

＊

私は建物に近づき、再度外観を眺める。

自然が長い時間をかけて彩色した独特の廃墟色に、人間がほどこした落書きや破壊の痕が生々しく残る。

外に敷設された非常階段が2階部分から無残にちぎれ、錆びた鉄骨として転がっている。

建物である廃墟が正常に劣化したあと、やがて遺跡になる。

――というのが私の持論であるが、ここはそのベクトルを大きく逸脱し、神秘性などいっさい排して、見事なまでに不気味な方向へと進化している。

大多数の廃墟が人為的な取り壊しや自然による倒壊(崩壊)で消えていくなか、坪野鉱泉の堅牢さは優れているのか壊れる兆候すらない。

ホテルの内部へと足を踏み入れる。

強い日差しのせいで、暗闇に眼が慣れるまで少し時間がかかる。

かつてロビーであった場所。

うっすらと浮かび上がる落書き。それは剝き出しのコンクリートに描かれ、色彩は混沌に満ち、狂気すら感じさせるほどだ。

自分の意思で入ったにもかかわらず、巨大な体躯へと呑み込まれたような錯覚に襲われる。中央にある巨大な螺旋階段、その隙間から射す外光……。

本来なら廃墟の美点を複数備えているにもかかわらず、ポジティブな評価はできない。探訪者のあまりにも激しい破壊により、現役時代の雰囲気を想像するのが難しい。

唯一残っているのは天井から吊り下がるシャンデリアのみだが、それとて半分程度しか形を残さず、汚れて褐色に変色している。

たしかに40年以上もの間、往時を偲ばせる廃墟の美点を残している物件はかなり少ない。

しかし、それ以上の歴史を持つ軍艦島や松尾鉱山は例外的に、現役時代の雰囲気を味わうことができる。

エレベーター横に設置された階段から上階へ上がってみる。

ホテル自体は簡単な構造のため、迷うことなく各エリアにアクセスできる。

すべての窓が割られ粉々になったガラス片が、床面や階下の天井へ散らばっている。

金属製のドアが付け根から破壊され、部屋の中に転がっている。

内装の壁面や天井のタイル、そしてトイレの便座や、部屋を仕切るパーティション……。

おおよそ物という物すべてが、完璧なまでに壊されている。

戦場で爆撃されたマンションや災害で押し潰されたビルよりもすさまじい光景だ。

＊

世界的に民度が高いと言われている日本人は、災害時であっても規律やルールを守り、協調性をもち、和を尊ぶという。

その同じ人間が元ホテルをここまで破壊し、

1階のロビーエリア。正面エントランスは厳重に塞がれている。中2階への階段も見ごたえがある

無慈悲なほどに落書きを描く。

この行為に何の意味があるのだろうか。

ストレスのはけ口との見方もあるが、はたしてこんな行為で解消されるストレスとはいかほどのものなのか。

この廃墟にまつわる事件や噂、そして実際に放たれる一種異妖なオーラ——この場に棲みついている心霊によるなにかがそうさせているのだ、とするならばその正体は集団心理ではないのか。

衝動的な破壊願望は、集団暴行などの殺人を含むいくつもの犯罪行為を誘発している。

ここでもまた明らかな「負」の感情に基づいた行為が、数十年間にわたり膨大な回数繰り返されてきた。

非科学的な話になるが、もし「思念」や「残存留念」などの精神的ななにかが存在すると仮定してみよう。

磁気テープにデータが記録されるように、廃墟という媒体に負の念が延々と刷り込まれてい

数少ない往時を偲ばせる残留物のシャンデリア

中2階へ上がる円形の階段。心霊廃墟と呼ぶにふさわしい

るのではないか。

最初は薄く纏わりつく程度の「念」が、徐々に厚みを増し、簡単には剝がれないほどの塗装のような「被膜」を形成する。

いわゆる心霊スポットと呼ばれる場所や物件のいわくである。

それは実際にあった事件の故人の「呪い」ではなく、肝試しと称して訪れる多数の人間が創り出した「念」だといえないだろうか。

＊

エレベーターホールから延びる廊下。床には天井から剝がれ落ちたタイルが散乱する

ひと通りの探索を終え、ロビーに戻る。

秋の陽が西に傾き、気温は一気に1桁まで低下し、暗闇があたりを支配する。

「廃墟」である時間はもうすぐ終わり、「逢魔《おうまが》時《とき》」へとその表情を変える。

徐々に見えなくなるが、あえてフラッシュライトを点灯させない。

落書きに覆われた無機質な壁が闇に沈み、聴覚が研ぎ澄まされる。

「ガッシャーン！」

はるか頭上の階層で、鉄扉が大きな音を立て閉まる音が聞こえる。

破壊されつくしたホテルにそんな扉など、もちろん存在しない。

音が消えると同時に、顔を持った無数の落書きたちが囁くように、

「クスクス……」

と笑っている——。

ポーチから取り出したライトのスイッチをそっと指で押す。

客室の内部。破壊されたであろう痕跡が目立つ

高性能フラッシュライトが、眩いほどの光を放出し、闇を切り裂く。

笑い声は一瞬で消え、晩秋の静寂が空間を包み込み、現世へと引き戻される。

もちろん、ドアの音も囁くような笑い声も実際には存在しないはずである。

自分の心が、厚塗りされた建物内の「念」とシンクロしてとらえた幻聴なのだろう。


建物の外に出ると、夕陽を受けた遠くの日本海が美しく煌めき、澄んだ空気のなか、空を覆うような星たちが静かに光を放ちはじめる。

深いコントラストを帯びた美しい光が、「呪われたホテル」を穏やかに照らしだす。

あれだけ負のオーラを纏っていた外観が、一瞬だけ美しく見えた気がした。

そう、建物に「呪い」など存在しない。それを創りだすのはわたしたちであり、あなたたちなのだ……。

屋上から見た風景。のどかな田園風景の先に美しい日本海が広がる

1階から地下の駐車場に向かう階段

ホテルフロント。不気味さを裏打ちする「念」を感じる

マルイ病院
——動画に映った少女　大阪府

伝説の恐怖映像を再検証

大阪の泉南市にかつて存在した病院。

正式名称は諸説あるようだが、その独特の形状から「マルイ病院」と呼ばれた。

１９８２年に閉院、２００３年に取り壊されるまで、約20年あまり廃墟としての歴史を刻んだ。

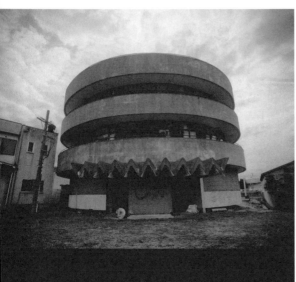

当然、閉鎖された病院なので、廃墟文化など存在しない時代から、究極の心霊スポットとしても君臨していた。

＊

廃墟サイトが乱立し廃墟の文化が花開いた時代に移り、大阪の心霊&廃墟の老舗サイト「蜥蜴の第三の眼」管理人であるリザード（彩河アキラ）氏が主催するイベントにゲストとして参加するため、私は大阪の地を踏んだ。

昼間は、「軍艦アパート」を探訪し、夜から始まるイベント会場へと向かった。

地下1階のスペースでは簡単な廃墟写真展も開催されていた。

開演の20時近くには数十人の廃墟フリークが集まった。

そのなかには数人の知り合いもいて挨拶を交わしていたなか、リザード氏が現れ、

「今日は凄いネタを用意したんで、楽しみにしてください」

と私に声をかけ、忙しそうに壇上へと向かった。

簡単な挨拶のあと、会場の照明が暗くなり、正面のスクリーンに廃墟の映像が流れた。

3人くらいの男性が声を潜めながら、探索している。

ライトで照らされた部分だけが浮かび上がるが、漆黒のなかのモノトーンの色彩しか見えない。

残留物からすると、病院のようだ。

「2か月ほど前の夜中に、マルイ病院に潜入した際の動画です。暗視カメラなのでこのように映ります」

そう解説するアナウンスが流れる。

10分弱の間、内部の様子が次々と映される。

「ここから注意して見てください」

窓を左から右へカメラが移動する。

その瞬間、窓から何者かが内部へと入ってきた。

しかしカメラは右に流れていってしまい1秒もしないうちに、そのなにかは闇へと消えてしまった。

撮影者はおろか、同行者もその存在には触れず、撮影はそのあともふつうに続いていた。

「みなさん、気づかれましたか？」

会場は静まりかえり、全員が唖然とし緊張感に包まれる。

リザード氏の説明は以下の通りだった。

夜中の1時ごろ、マルイ病院へ3名で探索に行き、暗視ビデオで撮影した。
「なにか」が映っていたのは病院の3階でのことだ。
撮影時、その存在には誰も気づかず、自宅で映像を確認して初めて発見したそうだ。

以下、リザード氏提供の撮影映像のキャプチャ画像。深夜に探索、暗視カメラで撮影

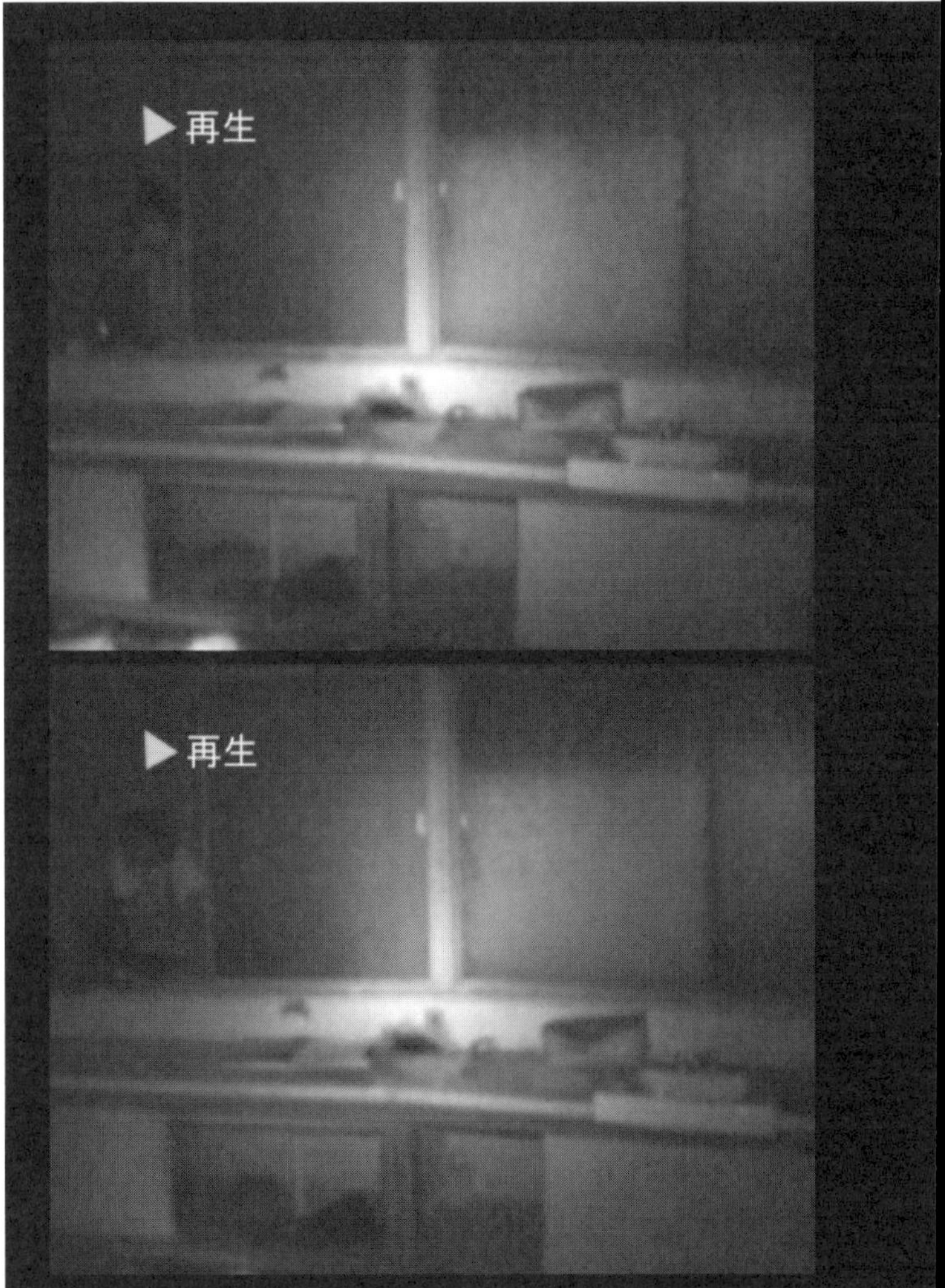

画面左、窓から入ろうとしているような人影らしきものが映っている。ここは3階である——

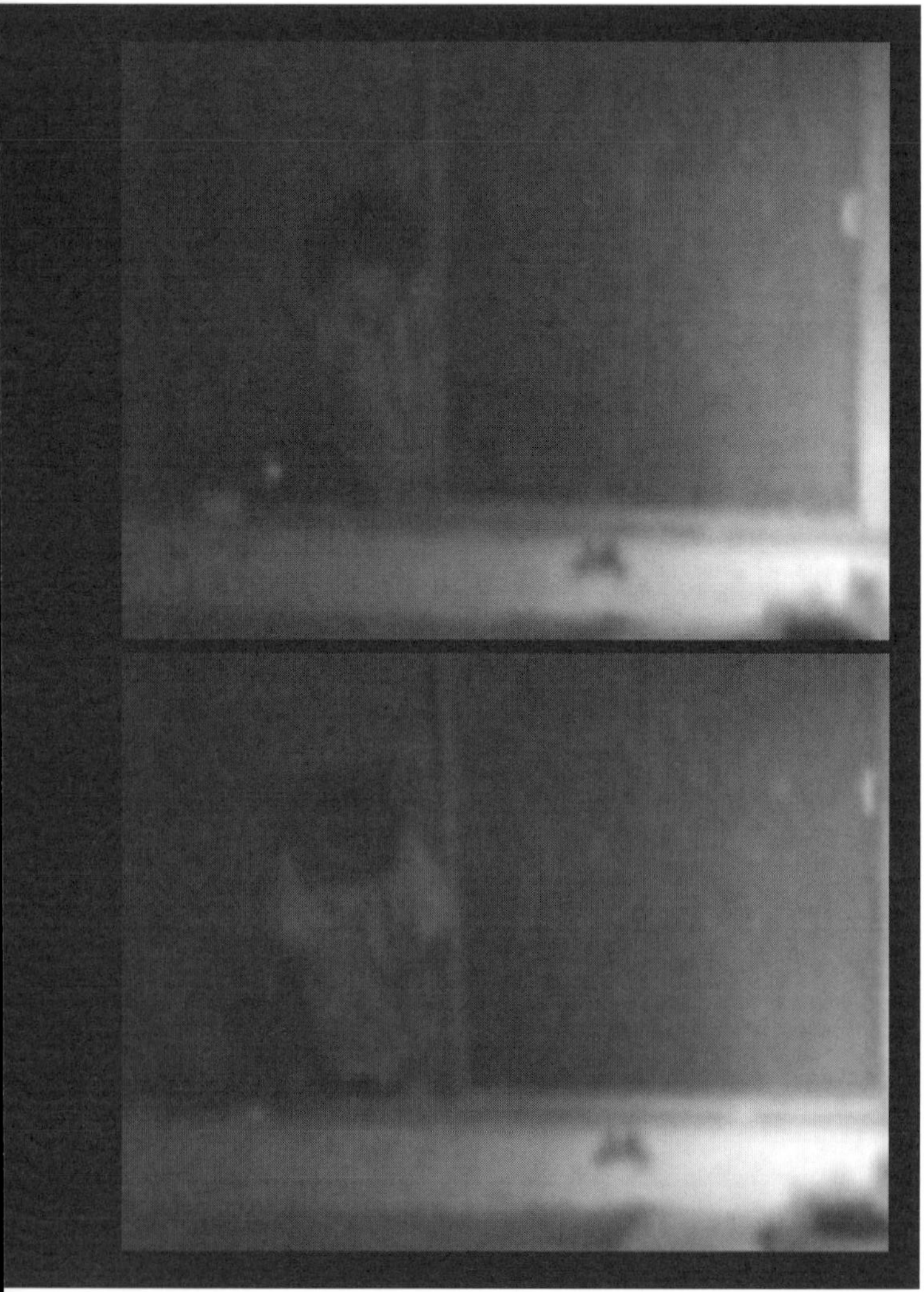

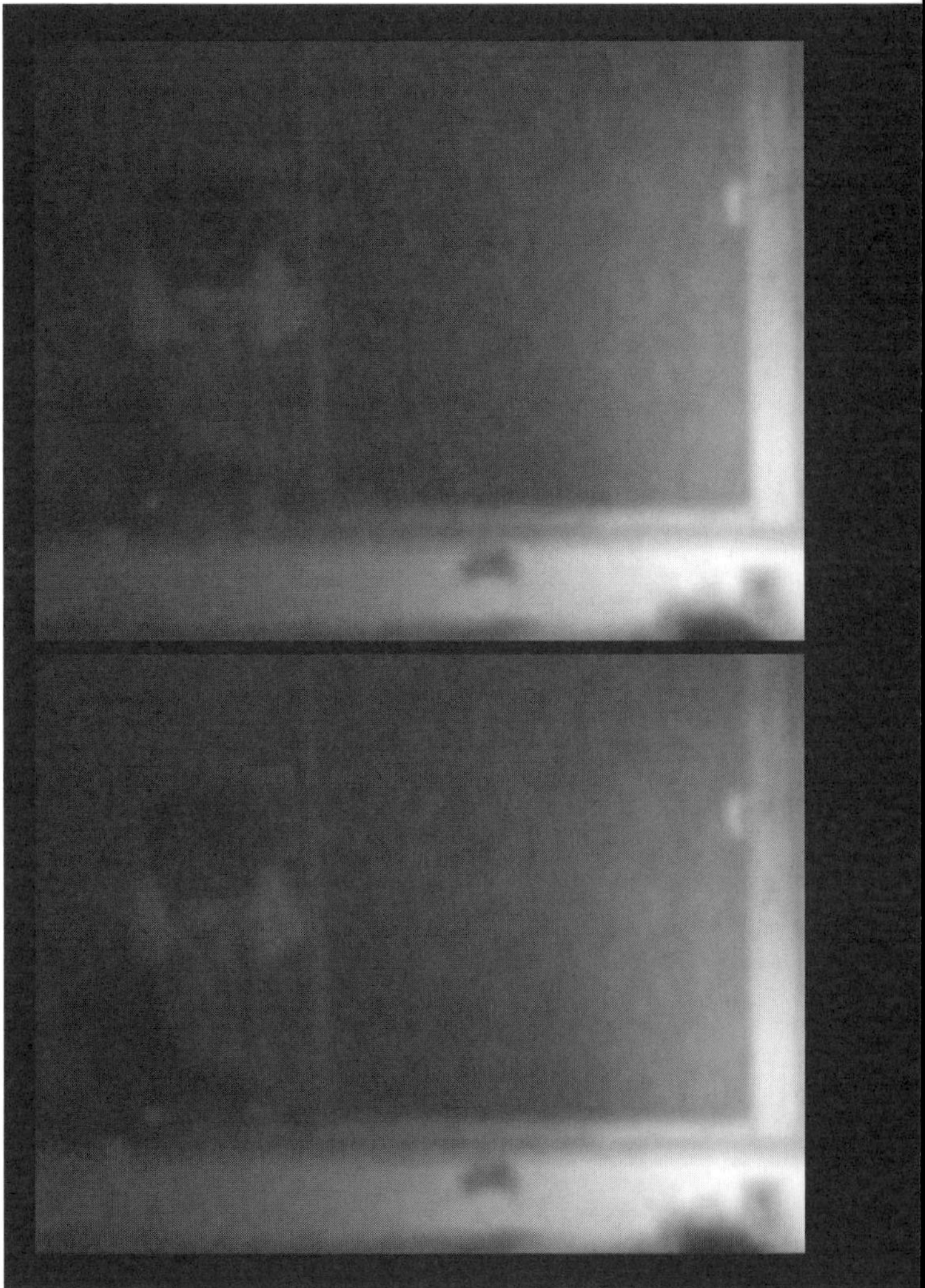

アップ、スローで映像解析。小学校高学年女子らしき者が「窓の外から」入ってきているように見える

＊

それから数年後、このインパクトのある映像の存在を思い出し、当時、コンビニで販売されていた雑誌『怖い噂』(ミリオン出版)に記事を掲載した。

その際に、リザード氏からこの画像の提供を受け、担当編集者と専用機材を使って何度も解析を繰り返した。

以下がその結論だ。

①撮影者の足音や雑音は、収録されているが「なにか」の音はまったく聞こえない。また、リザード氏の経歴(軍事関係)から考えても、侵入者がいればすぐに気配を察するだろう。

②リスクを考えても、夜中の廃墟病院の3階の外窓から誰かが入ってくることは考えられない。

③窓枠に手をかけて入ってくる動作だが、映像を静止させてよく見ると肘から手首の長さがふつうの人間と比較して異常に長い。

④どう見ても、小学生高学年程度の女性のような体格(容姿)である。

この点を踏まえて仮の事実を組み立ててみる。

夜中の2時に、心霊スポットで名高い廃墟の病院に小学生ぐらいの女の子が3階まで外壁をよじ登り窓から気配を消して入ってくる。

もしくは、バルコニーのような場所に隠れていて、潜入者が来たので窓から入った。

だが、そんなことがありえるだろうか?

ちなみに、イベントでは編集などの疑いを避けるためノーカットの映像を流していた。

あるいは穿《うが》った見方で「なにか」があらかじめ用意した実在する少女であったとしたらどうだろう。

夜中に、危険な廃墟に、未成年の少女を、1人で数十分でもスタンバイさせておくだろうか。

これらの想像も、ほとんどと言っていいほどありえない。

さまざまな方向から判断しても、この映像に写っている「なにか」は、常識では考えられない存在であるのだ……。

消去法で導き出した結論は、残念ながら非科学的ではあるが「この世に非ざるナニカが廃墟病院に入ってきた」——ということが一番納得のできる答えである。

*

この映像を世に出してからさらに1年ほど経ったある日、私はリザード氏と東京で再会した。

近況や、昨今の廃墟界隈の話など、ひと通り盛り上がったあと、私は改めて訊ねてみた。

「リザードさん、あの映像の正体はなんだったんですか?」

過去を反芻するように遠くを見ながら彼は答えた。

「自分も本当に正体はわからんのですよ。

造ったという人もいますが、あんな映像を意図的に造れたら、私は映像業界でも稼いでいますよ。

栗原さん、世のなかには、まだまだ我々が知らないことがたくさんあります。だから楽しいんですよね」

好奇心を含んだ眼で、彼は穏やかに笑った——。

（ホテルK）
——有名心霊スポットの怪異　千葉県

謎の画像が「事件」へと結びつくとき

埼玉県の某所、山奥の廃村はすっかり暗闇に包まれている。

肌寒いほどの気温は、長い夏が終わり秋を飛び越えて冬の訪れを感じさせる。

昼過ぎ、埼玉県の都市部で怪談師である、うえまつそう氏と國澤一誠氏をピックアップして車を走らせる。

途中、何か所かの廃墟に立ち寄り、この物件に着いた時点では赤い太陽が山の稜線へと差し掛かっていた。

斜面に点在する家屋の保存状態は良好で、昭和の生活をそのままに留めている。

探索が一段落する頃には、太陽はだいぶ沈んでいて、インフラから切り離された過去の村に明かりはまったくなかった。

足場の良い一軒の廃屋を見つけ、玄関先で今回の目的である動画の撮影を開始した。

二人にはゲスト出演という形で、廃墟系チャンネルにふさわしい怪談を語ってもらう企画である。

廃トンネルの怪談を國澤氏に語ってもらったあと、うえまつ氏の収録へと進んだ。

題材のひとつに、私も何度か探訪したことのある千葉県の有名心霊スポット「廃墟ホテルK」が含まれていた。

2年前に撮影した短い動画のなかで、探索者4名の背後を黒い影が通りすぎる。

小さな頭部のような丸い影は後ろを右から左へと移動し、なぜか反対側には現れなかった。

もちろん、その場にはうえまつ氏のグループ以外に人はいないし、もし他に誰かがいたら、廃墟特有のガラスや石などを踏んだ音が聞こえるはずだ。

そんな不思議な映像を紹介していただいたあと、私や怪談師の二人も「心霊懐疑主義者」のため、その正体については結論に至らないまま収録を終えた。

20時を回った頃、無事に残りの探索も終え、漆黒の廃村をあとにし峠道を下りながら夕飯を食べる店を探しつつ車を走らせる。

そのとき、うえまつ氏が、

「國澤さん、さっきの映像、ちゃんと見たことありましたっけ?」

と尋ねた。

今まで、この動画はさまざまなメディアに何度か登場している経緯もあり、改めて確認したようだ。

「いや、見たことないですね。見せてください」

うえまつ氏からスマートフォンを受け取り、國澤氏が確認する。

「コントラストもない、影のようですね」

私がそう言うと、うえまつ氏も同意する。

「形は頭のようですが、髪の毛もないですね」

そんななか、

「いや、顔が見えますよ」

と、國澤氏が正反対の意見を口にする。

「動画をゆっくり再生し、黒いものが一番見えている位置でスクショして明度を最大にしてみてください」

うえまつ氏はスマホを受け取ると早速、言われたとおりにする。

車の振動が障害になるため、コンビニの駐車場に車を停める。

数分後、

「あ、顔がある！」

うえまつ氏が叫んだ。

全員で画像を覗き込む。

「若い女の子がこっちを見ているようですね」

うえまつ氏が動揺している。

「影だと思ったのにまさか顔があるなんて、國澤さん、よく見つけましたね」

私も思わず驚きを口にした。


再び車を走らせチェーン系のラーメン店へと入る。

注文を待っている間に3人は落ち着きを取り戻し、先ほどの画像の話の続きをする。

「2年間何度も見ているのに、顔があるとは気づきませんでしたね」

うえまつ氏が嘆息する。

「自分も黒い影にしか見えませんでした。國澤さん、本当によく見つけましたね」

私もそれに賛同する。

「なんか眼が見えたんですよ。才能ですかね」

國澤氏は笑っている。

「そういえば、あのホテルの事件の被害者って若い女性ではなかったでしょうか？」

国澤氏がそう指摘する。

「事件の詳細を調べてみますね――被害者は17歳の女子高生だ……」

スマートフォンで検索していたうえまつ氏が言葉を失っている。

画像を拡大しよく見てみると、画素は荒くな

うえまつ氏の動画を分解したもの。上段左の男性の右横で「影」が動くのがわかる

っているが、明らかにやや短いボブカットで、鼻筋も見える若い女性だった……。

もはや、そうとしか見えなかった。

恐怖よりも、なにか大きな発見をした当事者でいられたことに全身が総毛立つ。

「ものすごいのを見つけてしまいましたね」

「今まで見たなかで、一番凄いですよ」

国澤氏の言葉に、うえまつ氏も応じる。

「これ、被害者の高校生かもしれません」

私もそう思わざるをえない発見だった。

3人は驚愕しながら、一方でなぜか恐怖は感じなかった。

今もそこに彼女の「念」が残っているとするならば、心が締め付けられる思いに駆られたからだ。

2年前に千葉県の有名「心霊スポット」の廃墟ホテルで撮影した短い動画。

その物件は、偽のいわく付きではない実際の事件が起こった場所で、女子高生が殺され遺棄されている。

動画に映る不思議な「影」には確かに「若い女性」の顔があった。

「偶然だよ」「そんな解像度の低い画像で特定できない」「加工じゃないの？」

――さまざまな反論や疑いがあるのも頷ける。今まで自分自身がそう発言していたからだ。

しかし、ここまでさまざまな点が見事に線で繋がり、事件へと結びつく。

何度でも言うが、私は「心霊」の存在など信じていない。

しかし、今回の事例をどう合理的に説明すればいいのだろう。

廃墟は心霊スポットではないが、特異な空間であり、非日常的な場所であることは間違いない。

的確な表現は難しいが「思念」「留念」「怨念」

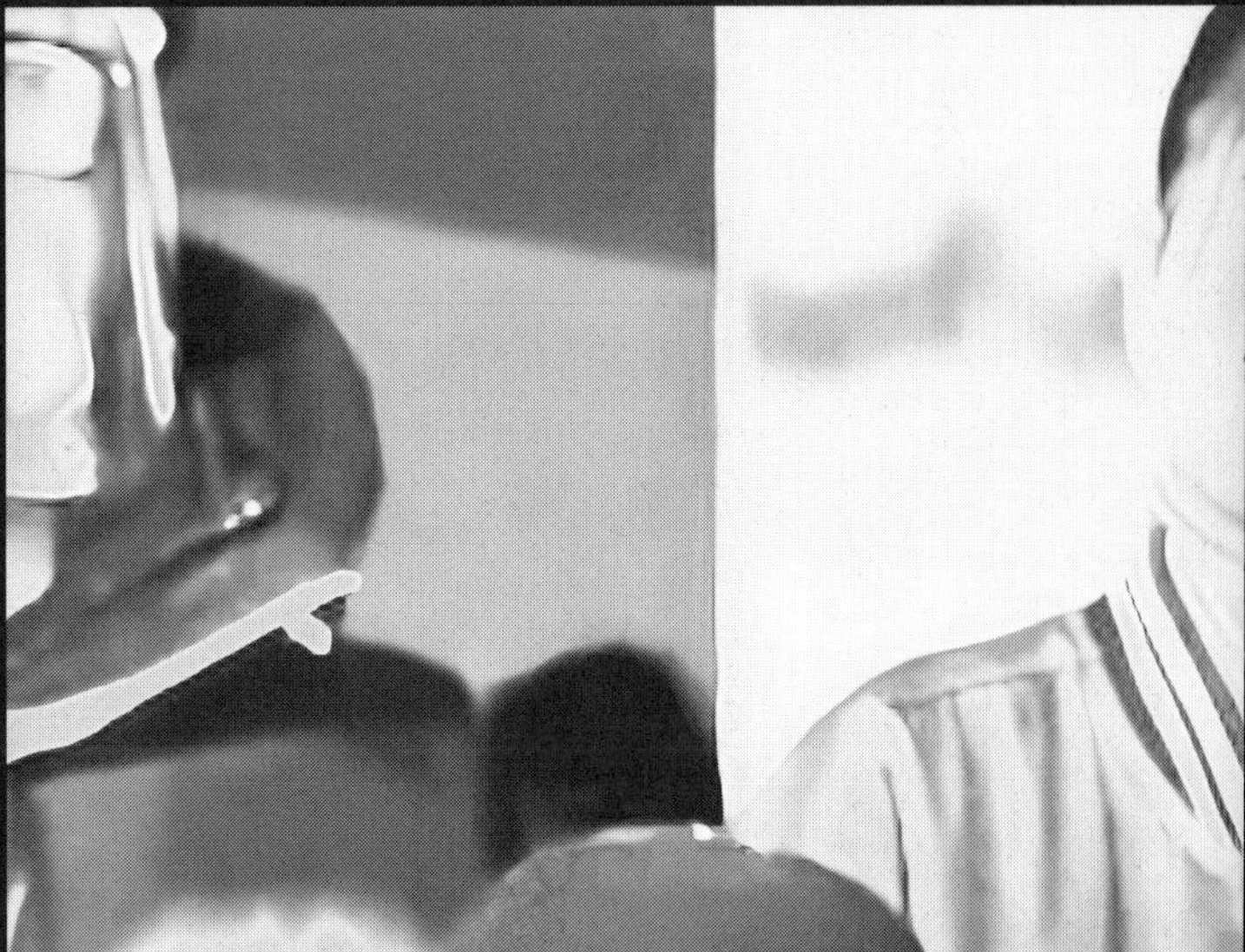

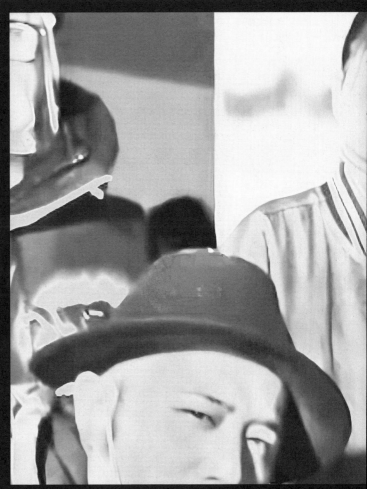

アップ。「影」は若い女性の顔のようにも見える。影が映っているのはわずか0・5秒程度

実際に事件があった心霊スポット廃墟である。放たれる言いようのない空気感

かつてこの物件の呼び名となった文字が描かれていた。
今は剝げて消失している

……そのようななにか未知のエネルギーが残留していると考えるのはどうだろう。

そのエネルギーが、偶然、画像や動画を介して可視化される。

すべてを否定するのではなく、そんな可能性が残っていてもいいのではないだろうか。

冷静さと合理性をキープしつつ、未知の存在も受け入れる。

そうすれば、不思議な現象に遭遇してもいたずらに騒ぐのではなく、客観的に対峙できる気がする。

少なくとも私はそういう心構えでありたい。

T大学医学部附属病院小石川分院

——施設廃墟で遭遇した怪奇現象　東京都

闇に潜む「存在」

晩秋を迎えたある夜、実弟から電話があった。「彼女が、すごい廃墟を見つけたんだけど、これから見に行かない？」

簡単な説明を受けたところ、東京の文京区にある「T大学病院の施設廃墟」とのこと。

かなり興味をひく物件だったので、私と弟、そして弟の彼女Mの3名で現地へと向かうことにした。

20時も過ぎた頃、都内の道路は繁華街付近で小さな渋滞にあったが、その後は順調に流れ21時には現地に到着した。

電気も通じていないフェンスのなかでは、古い近代建築風の大きな建物を街灯が照らすのみだ。

いくつかの建造物が建ち並び、恐ろしいほどの歴史を感じさせるオーラを放っている。

「T大学医学部附属病院分院」、通称「小石川分院」——。

1917年に開院し、2001年にT大病院へ併合された日本最高学府の総合病院廃墟だ。

敷地は有刺鉄線つきの高いフェンスに覆われ、道を挟み閑静な高級住宅街が外周に沿うように立ち並んでいる。

車を正門前に停めMを車内に残し、私と弟で潜入を試みた。

21時半くらいだろうか、住宅街からは生活音もまばらで遠くに犬の声が聞こえるくらい静かだった。

「ここから入れそうだ」

電柱を足掛かりにし、有刺鉄線を越えようとした。

あたりを見回し、人気がないのを確認すると素早く行動し敷地内へと飛び降りる。

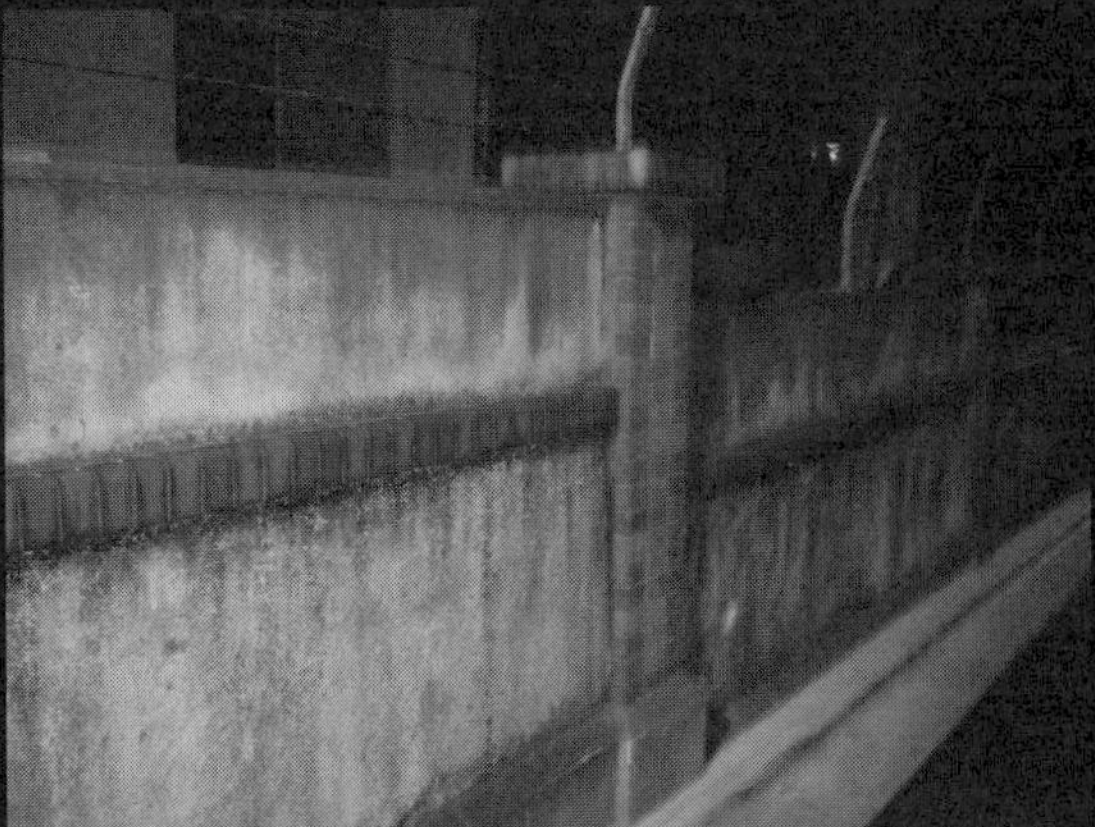
敷地は有刺鉄線の張り巡らされた高い塀に囲まれている。潜入ポイントを探る

弟が内部の暗闇に身を潜めた直後、自分もあとに続く。

電柱を問題なく登り、鉄線を跨ぎフェンスの隙間に足をかけようとした瞬間、「ガシャン!」と大きな音と共に、私は敷地内へ転倒してしまった。

鉄線の棘が、ズボンのすそに刺さりバランスを崩してしまったのだ。

痛む足を引きずり、弟のあとを追って自分も身を潜め、奥へと移動する。

向かいの家のサッシが開く音と住民の会話が聞こえてくる。

おそらく大きな音を聞きつけ、警戒してこちらの様子を窺っているのだろう。

2人がいる場所は外周から離れているため、発見されることはないだろう。

「凄い音立てて、すまない」

私は弟に謝罪し、探索を続ける。

夜空には明るい満月が輝き澄んだ青い光を放っている。

長年管理されていない敷地には、多量の落ち葉が降り積もり地面を覆う。

フラッシュライトのレンズを手で覆い、光が外から見えないように慎重に進んでいく。

擦り傷と、軽い打撲だろうか、足の痛みも除々にやわらぎ、歩行には支障がないことを確認する。

施設の中心ぐらいまで到達したが、何か所かのドアノブを回してみたものの、どれも固く施錠されている。

窓も厳重に塞がれており、どの建物にも潜入場所を見つけることができない。

暗闇に慣れた眼は、月明かりですら光のコントラストを強く感じる。

深い影に入ると漆黒に身体が溶けてしまうような錯覚に陥る。

「ブーーッ、ブーーッ!」

突然の振動音が静寂を引き裂く。

弟の携帯電話に着信があったのだ。

「もしもし」

弟が通話口に囁く。

敷地内にて潜入行動をする我々を満月が見下ろしていた

すぐに会話を打ち切り、弟がこちらに振り向いた。

「Mからの電話だ。パトカーが来て警官が見回っているから絶対フェンスに近づくな、って」

私が落下したときの音を不審に思った住人が通報したらしい。

一気に緊張感が走る。

樹々が重なる建物の角の暗闇に、しゃがみながら体勢を低く保ち気配を完全に殺す。ライトも完全に消し、ポケットの奥に押し込む。呼吸すら止めたいほどだ。

数分ほど経ったであろうか。突然、北風が強く吹き抜ける……。

強風に煽られた無数の落ち葉が、カサカサと乾いた音をあたりに響かせる。

その音が長く続いたあと、リズムを持った音に少しずつ変わる。

カサカサカサ……ガサ、ガサ、ガサ……ガサッ、ガサッ、ガサッ！

明らかに質量を持ったなにかが、落ち葉を潰す音、いや落ち葉を踏みしめる音だ。

猫や犬、あるいは狸などの4本足の動物ではない。

2本足でかなりの重量を持ったものが単身で近づいてくる。

警官か？　いや彼らですら無断で敷地には入れない。入るにしても鍵が必要だ。

それに、警官は2名以上で行動するのが原則だ。

さらに、この暗闇で懐中電灯を点けないとは考えられない。

足音は大きくなり、ゆっくりではあるが、確実に距離を詰めてくる。

建物の角にいるため、こちらからは姿が見えなかった。

あと数メートル——3秒後に「足音の主」は、この角にたどり着き我々と遭遇することになる。

恐怖に引き攣《つ》った表情で私は弟に眼で合図を送り、いっせいに反対方向へ全力で走る。

途中、枯葉に足を取られたり、木の根につまずいたりして転びそうになる。

だが、足の痛みなどまったく感じなかった。

警察に逮捕されるリスクは得体の知れないなにかから遠ざかる障害にはならない。

物置のような低い構造物に乗り、その先の建物へとよじ登る。

そのまま、フェンスを飛び越え、電柱につかまる。

一気に体重がかかった手や体中に痛みが走るが、気にしている場合ではない。

我に返ったときには、ゴミ収集場所の柵に2人でもたれかかり息を整えていた。

「聞こえたよね？」

勇気を振り絞り、弟に訊ねた。

彼は大きく何度も頷いて応えた。

「かなり体格のいい人間が、こちらに向かって歩いてきたようだった」

敷地内の施設らしき各建物はいずれも施錠され、内部に潜入することは叶わなかった

蛇足ではあるが、私も弟も心霊などの存在には懐疑的だ。

特に彼は夜中の「旧国立療養所N病院」[註]廃墟を単身で探索するほどだ。

恐怖に駆られたせいで、説明できない現象を霊に結び付け、無駄に危険を増幅させるようなことは絶対にしない。

満身創痍な状態で車へと戻った。

「どうしたの？」

驚いた顔でMが我々に声をかけた……。

あとから聞いた話では、通報を受けて駆けつけた警察はどうすることもできず、10分程度フェンス内を電灯で照らしたあとそのまま帰っていったそうだ。

E楽病院を経てT帝国大学医科大学附属医院分院、そしてT大学医学部附属病院分院と

１００年の歴史を持つ廃墟。

戦前、戦後を通して数多くの患者がそこで亡くなっているはずだ。

今回の体験の真相は永遠にわからない。

しかし間違いなく、２本足で歩行する、かなりの質量をもった存在が向かってきたのである。

もしその存在と対峙していたら、「アンチ心霊」の考えはなくなり、現在は心霊譚でも書いて怪談作家になっていたかもしれない。

もちろん、命があったらの話ではある……。

註：旧国立療養所N病院は、結核を主な対象とする病床数６９０あまりの国立病院。１９８６年、国立国際医療センターに統合。廃墟の状態で10年程度放置され、現在はE田公園になっている。

〔天狗の庭〕

――某宗教施設の廃墟　茨城県

二人に届いた「声」の怪

23年ぶりに再訪した新興宗教の修験場跡地。施設を彩るペンキの退色や植物が繁茂したこと以外、外観に大きな変化はない。

北関東の有名な霊山の中腹にサッカーコートほどの大きさの広さのある、さまざまな「怪しげ」な神仏が祀られた施設だ。

敷地を囲むように造られた高い柵には鉄条網が張られ、門扉には太い鎖が巻きつけられ南京錠で施錠されている。

周囲をくまなく観察すると、わずかに入れそうな隙間があった。

同行した20代の後輩と、なんとかそこから身体を潜り込ませ内部へと入る。

一部の施設や像などが壊れていたが、おおむね廃墟の経年劣化の典型的な例のような素晴らしい廃れ具合だ。

稲荷像は、コンクリートの隙間から生い茂った植物のせいで近づくのが困難になっている。メインの祭壇に造られた大きな「館」は朽ちて崩れてしまっている。

不動明王を守るように立つ左右の像は倒れ、その頭部が足元に転がっている。

30分程度ですべてを探索し終わり、後輩を呼び撤収を開始した。

しかし潜入する際にすり抜けた隙間は、足場が外にあるため高さの問題で使えないことに気づく。

そのため、外周を巡り新たな撤収路を探すことにした。

外壁沿いに建てられた浴室の建物裏に回り込んだが、繁茂した樹々に阻まれ歩くのにかなりの労力を要する。

サッカーコートほどの敷地には建物は少なく、さまざまな神や妖怪が祀られていた

メインの本尊である天狗の像。この山の由来の妖怪（神仏）であるらしい

こちらももう一方の本尊の天狗

それらを避けながらゆっくりと敷地外へと進む。

建物の外壁が途切れるまであと数メートル。

その地点にたどり着いたその瞬間、

「誰か入ってるのかなあ……」

前方から低く、くぐもった声が聞こえた。

1メートルほど後方にいる後輩にハンドサインで、動きを止め静かにするように指示する。

できる限り体勢を低くし、植物に身を隠し気配を殺す。

10秒ほどの時間が、数分にも感じる。

後輩との距離を詰め、

「聞こえたよね？」

小声で囁く。

「はい。言葉は聞き取れなかったですが、低い男性の声でした……」

それは自分が聞いた声と完全に一致する。

「幻聴」や「空耳」ではなく、確実に声が聞こえたのだ……。

さらに数分、その場に留まり様子を窺う。

しかし、まったくというほど何の気配も感じない。

足音、声、動作による植物と触れ合う葉音——それらがいっさい聞こえないのだ。

痺れを切らし、囁きながら後輩に提案する。

「なにか言われたら、柵の内側にカメラを落としたので取りに入った、ということにしよう」

覚悟を決めて建物の角まで一気に進む。

1メートル近い高さの雑草が生い茂っていたが、狙い通り高い柵はなく敷地外へと簡単に出ることができた。

すぐに声の主を探してみるが、我々が発する音以外はなく、もちろん誰かがいた形跡すらな

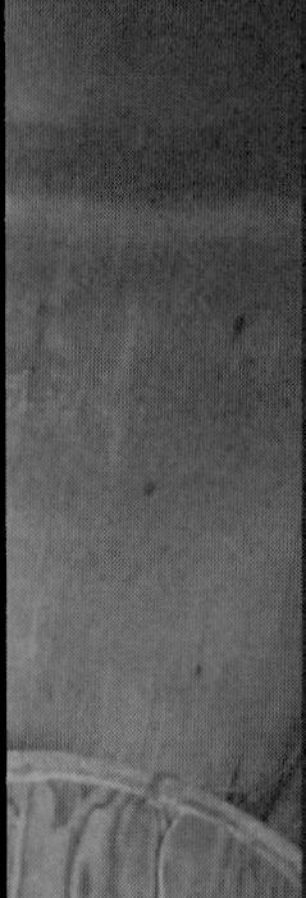

かった。

ただし眼前に十基ほどの石碑が雑草のなかに埋もれ、放棄された墓地のように静かに建ち並んでいた。

後輩と顔を見合わせ、小高い丘のような場所から逃げるように飛び降りる。

小走りで車に乗り込みアクセルを強く踏み込む。

山道と農道を通り越し県道へ合流する。

乱れていた息も整い、冷静さも徐々に取り戻していた。

「なんて聞こえた？」

再度後輩に尋ねた。

この浴室がいくつか並ぶ建物の裏を抜ける際に「謎の声」が聞こえた

「栗原さんより後ろにいたので、言葉の内容は聞こえませんでしたが、低い男性の声でなにかしゃべっていましたよね」

「おそらく、我々が踏んだ木の枝か幹が建物の壁に擦れて、声のように聞こえたのかもね」

自分にも言い聞かせるように「声」の原因を推測してみる。

ただし、そのあとも歩いた際に何度も木を踏んだが、「声」のような音はいっさいしなかったことも付け加えておこう。

恐怖を理論で押し殺し、現実へと戻る。

しかし私は、間違いなく聞いたのである。意図を含んだ人間の声を……。

敷地外に出た位置に立ち並ぶ何基もの石碑。墓石ではないが、棄てられた墓地のようであった

三、呪物件

nkb-03

JU

〔K寺〕——生き人形の住まう寺　神奈川県

5歳の〈ヒトガタ〉

小高い山を造成したと思われる横浜市郊外の閑静な住宅地。そこには新しくはないものの、品のある家々が斜面に沿って建ち並んでいる。

初冬に差し掛かった土曜日の夜。太陽は1時間前に沈み、恐ろしいほどの速さで冷気と闇が地表を覆っていく。まばらに並んだ街灯が家や道をうっすらと照らしている。

窓からは柔らかい光が漏れ出すが、テレビの音や子供の声などは聞こえてこない。

＊

高い樹々に囲まれた一角。山の頂上に向けて1本の石段が続いている。手入れがされていないため、落ち葉が大量に積もっていて、暗がり

軍人の肖像画。彼の死後、絵の所有者が亡くなり寺に預けられたのであろうか

納屋の中には埃を被ったさまざまな器具などが並ぶ。昭和中期で時間が止まっている

廃墟と化した寺のなかには、古い祭壇が残されている

かなり立派な柱時計。当時かなり裕福であったことが窺い知れる

でも地面が苔むしているのがわかる。

ゆっくりと階段を登っていく。１歩踏み出すごとに、体を包む空気の温度が下がるように感じられ、街灯が遠ざかるにつれ漆黒の闇があたりを浸食していく。

そこは市街地なのに、まるで山奥にいるような錯覚に襲われる。とっさにフラッシュライトで光を灯す。

石段の両脇にはいくつかの古びた灯篭や石仏が建ちならんでいる。

そう、ここは廃墟の寺なのだ。

階段を登りきると、荒れ果てた境内の奥に建物が見える。

正面に現れた本堂は、形を保っているものの、屋根の一部などが壊れていて、しばらく放置されていることがわかる。

長持ちであろうか。見事なまでの彫刻が彫られている

祭壇に祀られた神々たち。不思議とすべての像が今も生気を放っている

向かって右にある建物へと向かう。

そこもかなり損傷が激しく、壁の一部が崩れ落ち、窓も割れて、「廃屋」と言ってもまったく差し支えない姿を晒している。

納屋か物置に使われていたのだろう。錆びた自転車や、籐で編んだ大きな籠、木製の農機具らしきものが雑然と置かれている。

おそらく昭和、それも前期の品々が埃をかぶりながら保管されていたようだ。

手で触れないように先へと進んでいく。ライトの光のなかに無数の砂埃が舞い散っている。

納屋の行き止まりには、木製の壁があり、そこに引き戸が見えた。力を入れて横へずらしてみたが、重たくてとても動かない。さらに力いっぱい引っ張ってみる。

すると少しずつ扉が開いてくる。同じ動作を繰り返すと、何とか横向きに体を潜り込ませる程度の隙間ができた。

室内へと入ってみる。

数十年間沈殿したであろう空気が外気と混ざり鼻腔をくすぐる。埃とカビが混じったような複雑な臭いだ。

廃墟になってから閉じ込められた空気がそのまま滞留しているように感じてしまう。

ライトに照らされた内部は、まるで時間の流れが止まったように錯覚する。

幼い頃に見た家具や電化製品がそのままの姿で置かれており、そこには古き昭和が存在していた。

その部屋は住居に使われていたようだ。

さらに奥へと進むと、重厚な引き戸が部屋を遮っている。

力を込めて開けてみると、拍子抜けするほどあっさりと動いた。

そのとたん、眼前に異様な光景が広がる。

さまざまな「物」が展示してあるような広い空間だった。

正面に移動すると祭壇のようなものが備え付けられている。

そこは「寺」の内部だったのだ。おそらく本堂だろう。

昭和よりも古い遺物が所狭しと並んでいる。

馬に跨った軍人の写真、色褪せた招き猫、鳳凰の像……歴史を纏ったそれらの品々は不気味でさえあった。

部屋全体を反時計回りにゆっくりとライトで照らしていく。

突如、暗闇のなかに身長1メートルぐらいの子供の姿が浮かび上がる。

廃墟でホームレスに遭遇したり、遺体を発見してきた私でさえ声をあげ飛び退くほど驚いた。

気を鎮めて、再度ライトで照らしながらゆっくりと前進する。

それはガラスケースに収められている「童子の人形」だった。それは生きた子供と言っても過言ではないほど精巧に作られていた。

廃寺の祭壇。数十年もの時間が経過しているが、今もなお恐怖よりも神々しさが残る

おかっぱ頭に着物を着ている戦前の子供だろうか。年齢は5歳ぐらいに見える。

人形の眼に意志を感じた。

「この人形は生きている……」

私はそう思ったとたんゾッとして、ライトの光量を落とし静かに部屋をあとにした。

＊

大正時代末期、横浜で貿易を営む裕福な夫婦に念願の男児が生まれた。

けして若くない年齢に達していた両親は、眼

奉納された「生人形」。いわゆる人形のクオリティをはるかに超えるリアルさだ

に入れても痛くないぐらい我が子を可愛がり大切に育てた。

　当時「7歳までは神の子」と言われるぐらい小児の死亡率は高かった。

　現在でも残っている七五三の風習は、その年齢まで生きられたことを祝うための行事だ。

　その子供は5歳の誕生日を目前としたある日、伝染病にかかり、あっけなくこの世を去った。

　突然の別れに、両親は絶望し現実を受け入れられず、我が子と別れずにすむ方法を模索した。なにしろお金には困らないのだ。

　そして、当時、腕のたつ人形職人に息子をかたどったヒトガタの作成を依頼する。

　限りなく精巧な外見、髪の毛には遺髪を使い、服は生前着用していた一番好きな着物を身に着けさせた。

　夫婦は傍らに息子のヒトガタを置き、実の子供のように可愛がり、余生を過ごした。

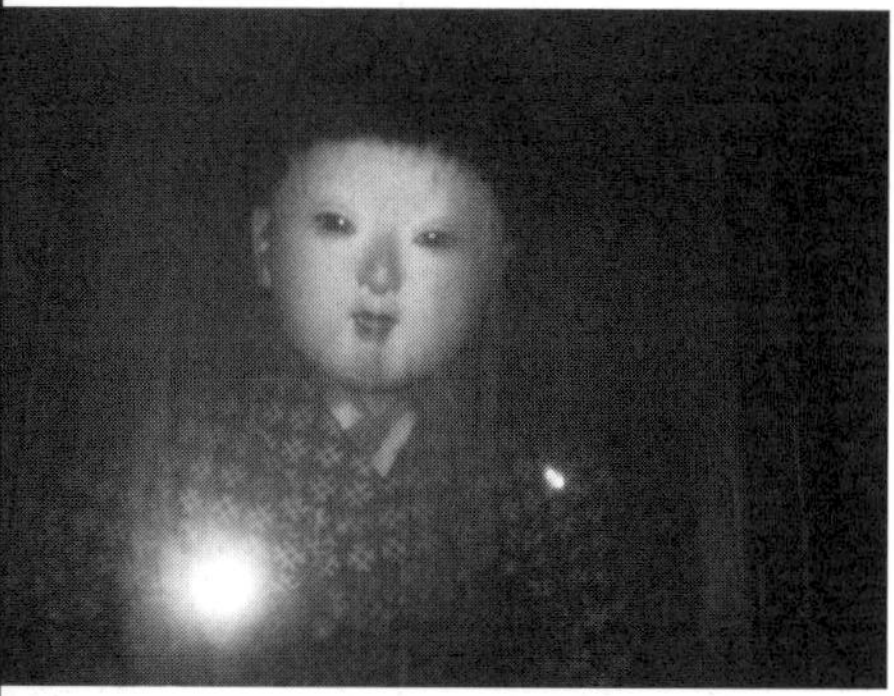
正面から見た「生人形」。この表情と眼を見れば、文字通り彼が今も生きていることに何の疑いもない

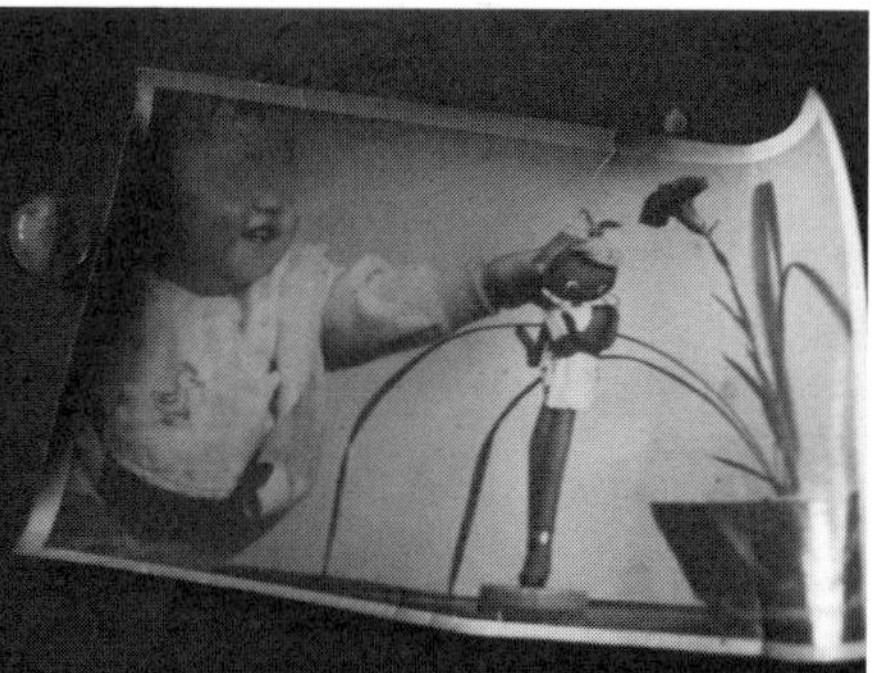
男の子の生前の写真が遺されている

現在使われている寺の横に、古い寺がある

小高い山の斜面に造成された住宅地。日常から異空間へ通ずる境界のようだ

両親の死後、引き取り手のない「ヒトガタ」は、この寺に奉納された。

しかし、お寺自体が廃墟になり、人の目に触れることもなく今日にいたった。


古来より、日本には物に魂が宿るという考えがある。いわゆる「物の怪」だ。

長く使用した「物」にも魂が宿るのであれば、「人」を忠実に再現した「物」にも魂が宿ったとしてもおかしくはない。その人形は物と人の中間的な存在なのだ。

「生き人形」は実在し、住宅地の寺でひっそりと佇んでいた。

私は、怨念や幽霊などの心霊現象は信じてはいないが、人間の思念や深い思いが、物体や場所に残留することはありえると感じるときがある。

眼を閉じれば、今でも鮮明に思い浮かべることができる。童子の微笑む姿を――。

祠かなにかだろうか。荒れて物寂しい

軍人の家
——「天皇の軍属」の面影　埼玉県

廃墟に遺された戦争の爪痕

恐竜の化石が出土した町。山に囲まれた県道。紅葉も盛りをすぎた晩秋、すれ違う車もまばらだ。

「あ、今のところを右！」

私は同行する運転手に指示をする。

そこに道はなく、かつての道であった形跡がひび割れたアスファルトから窺うことができる。

「車、通れるかな」

厳しい冬の訪れを語るように、まばらに茂った雑草は枯死しかかっている。

山道を登る。10分もしないうちに舗装は途切れ、土の上に石が転がる。

大きなものは人の頭ほどもあるだろうか……。

厳寒期の雪の重みからか、右側の谷沿いに敷設されたガードレールは歪み、ところどころが欠損している。

左の山側にはいくつもの「落石注意」の表示があり、最近落下したであろう岩が道をさえぎる。車から降り、両手で抱え道の脇へと移動させる。

ふつうの道ならわずか5分で走れる距離を、30分以上慎重に歩くような速度で徐行する。大きな轍《わだち》を避けきれず、フロア下の車体がガリガリッ……と嫌な音をたてる。

「これ以上は、車じゃ無理だな」

そう言おうとした瞬間、その廃村は眼の前に現れた。

かつて十数件が寄り添うように生活を営んでいた「集落」。

現在は3件ほどの建物しか残っていない。

林業で栄えたのであろう。

山肌には段状の畑の跡も残るが、農業で生計を立てられる規模ではない。

そのまますべてが残された室内。リアルな息づかいが残る

集落の角、今まで見てきた「廃村」のなかでも最大級に属する立派な家屋。

木造2階建て、古くからの木枠の窓とあとから改築したアルミサッシがこの家の歴史を思い起こさせる。

崩れ果てた木戸があるので、容易に潜入することができた。

土間の向こうに広がる部屋はかなり広い空間である。

床の一部は崩落し、家具が傾いている。

相当な残留物が見られ、廃墟としてもかなり魅力のある物件と言っていいだろう。

部屋の奥に進むにつれ、薄暗い室内に目が慣れる。

その瞬間、違和感で足が止まる

仏壇の下にかつて鴨居に並べられていたと思われる遺影が並ぶ

……。

いつもとは違う視線。それを足元から感じたのだ。

いや、感じたような気がした。

いくつもの顔が床からこちらを見ている……。

7人の遺影、それが梁や壁ではなく、仏壇の据えられた床に並んでいるのだ。

モノクロの写真——この家で百年以上家人たちを見守りつづけた先祖たちである。

大切な勲章までが放置され埃にまみれている。
一族が途絶えた「証」でもある

白山(仮名)家は多くの山林を保有し、かなり裕福だったようだ。

先代である幹夫(仮名)は、太平洋戦争に従事し、仕官(准尉)まで出世した。

軍馬を何頭も育て、その功績から死後「勲8等瑞宝章」を授与されている。

最後の当主であ

まさに軍国主義の鑑のような手作り冊子

明治天皇、大正天皇の掛け軸。帝国軍人が守るべき象徴である

残された写真。まさしく「軍人の家」と呼ぶに値する証拠である

る敏夫も自衛隊に入隊して国家のために尽くし、退役後は食堂を営んでいたようだ。

その後、彼がどうなったかは、残留物からは推測できない。

家宝とも言える「勲章」——大切なアルバムが残されていることから、おそらくこの名家も1973年に途絶えてしまったのかもしれない。

＊

現在、何の疑問もなく、さながら空気のように享受している平和。

廃墟から「戦争が賛美された歴史」が過去に存在していたことを肌で感じることができる。「天皇の軍隊」。そんな時代に思いを馳せた。テレビや教科書よりも強く、そして深く……。

絵本と子供の落書き。「金太郎」が時代を物語る

（T沢邸）
――栗又の滝の不思議な家　千葉県

現世に極楽浄土を築こうとした男

千葉県といえば「海」のイメージが強い。

しかし、房総半島は海から道を1本隔てて山が聳《そび》えるような地形が多い。

半島の内陸には、まるで水墨画のような山野が広がり、温泉や渓谷も少なからず存在する。

そんな房総のほぼ中心からやや外房側に位置する有名な滝がある。

垂直に落ちる滝ではなく、斜面を緩やかに流れ落ちる珍しいタイプのため観光客も多い。

首都圏からのアクセスも良く、紅葉の季節などは渋滞が起きるほどの場所だ。

＊

県道からその滝へと至る階段の入り口に建つ

有名な観光地である「滝」へと向かう入口に設置された門

奇妙な山門。

極彩色に彩られていたであろう、木彫りの像や彫刻は色褪せ朽ちはじめている。

その門に寄り添うような時計台を模した1件の家――いや、廃屋と言って差し支えないものがある。

「奇妙な山門」の製作者である「翁」が1983年まで暮らしていた家である。

佐倉に生を受けた彼は、この地に旅館を築き成功を収めた。

廃屋の向かいに建つ巨大なホテル。

各地方で大規模宿泊施設の経営不振が指摘される現在においても、休日の午後には何台かの観光バスが駐車し、たくさんの客で賑わっているほど盛況である。

玄関横に並べられた木の作品

玄関前の木像。仏らしきものと鬼が同居する世界観

巨大な牡鹿の角の置物。昭和の豪邸の定番だ

こちらは鹿の頭蓋骨の飾り物

そのホテルの経営を子息に引き継いだあと、翁は第二の人生を歩みはじめた。

古今東西、さまざまな神や仏を自分自身の手で彫り、着色し作り上げていった。

観音、如来、七福神、菩薩、大仏、釈迦……モデルが何であったかはわからないが、門の外壁や内側に立ち並ぶ奇妙な神々たち。稚拙で滑稽ななかに情熱が封じ込められているようだ。

家屋の内部にも、神々は並ぶ。自作のもの以外にも、鬼の面、木彫り熊、動物の骨などの観光地で売られているような置物も飾られている。

居間であろうか。神棚、仏壇が供えられている部屋の壁一面には「天皇陛下」や「御先祖様」を

部屋の中のオブジェらしきもの。天国をイメージしたのだろうか。仏や天女が描かれている

太平洋戦争終結と昭和
天皇崩御の新聞

含めた神仏が祀られている……。
もはやその整合性のなさは、ご利益やありがたさといったものを通り越し、見る者を唖然とさせるほどの光景であった。

いったいなにが彼をここまで衝《つ》き動かしたのだろうか。
ホテル経営の成功で、かなり裕福だったことだろう。しかし、崖の斜面沿いに建てた2階建

居間の様子。さまざまな不思議グッズが所狭しと並んでいる

ての家屋はさほど大きくなく、ふつうの一軒家と比べ小さいくらいだ。

　2階の寝室や祀り部屋に掲げられた配偶者であろう遺影から、ひとりで住んでいたと考えられる。ふつうの玄関の他に、県道側にも開き戸があり、そこから直接入ることのできる部屋には簡単な応接スペースが作られ、彼の力作が所狭しと陳列してある。

　おそらくは観光客や友人などを招き、そこで彼独自の信念や価値感を語ったのではあるまいか。

「死」へと近づいていくなか、誰しも恐怖心を抱くことだろう。

　しかし恐怖を回避する手段はある。「死は恐怖ではない」と思い込むことだ。

　人間は天国や極楽浄土を作り上げ、その手段を手に入れた。

　実際に個人差はあるだろうが、恐怖を克服できずともやわらげることは可能だ。

　人生の成功者であればあるほど、現世への執着は強くなる。

　既成のあの世では満足できず「翁」は自分自身で理想郷を作り上げたのだ。

　正確に言えば、それを作り上げることに、第2の人生をささげたのかもしれない。


　立ち並び風化していく数々の創作物。派手な色彩を纏い神仏の表情はどれもコミカルで優しさに満ちているようにも見える。

　その理想郷は彼のためだけにある世界なのだ。

　自分の望む世界に行けたかはわからないが、それを信じて最期の時を迎えたのは間違いないだろう。

　役目を終えた理想郷の骸《むくろ》たちは、観光客たちの怪訝な視線を受けながら、創造主たる彼の待つ場所へ、静かに還っていく。

裏口に設置されたトーテムポール。これも翁の作品だろうか

木彫りの彫刻だけではなく、このような石造りの作品も数点残されていた

〔慈愛観音〕

――宗教詐欺師の末路　茨城県

信仰心と廃墟

茨城県の中央に位置する地方都市。水戸と土浦にはさまれた中規模な町ではあるが、駅もインターも近くにあり、過疎化が始まるには至っていない。

この地で長年、印刷業を営み、近年に入り陶芸に着色した製品の生産も始めた小さな工場がある。

むろん自宅兼工場であり、家族と数名の従業員で切り盛りしていた。

主《あるじ》であり社長である夫は正直者で、彼の手がけた印刷物はていねいで品質もよく低価格と評判で、名産品を扱うお土産店の包装紙や地元の自治体からチラシ作成の仕事も請け負っていた。

庭の様子。敷地内にも宗教色を感じさせるものが点在している

家屋内のリビング。荒らされてはいるが、まさに人間だけがいなくなった空間だ

食べ物まで残されたテーブル。追われるように出ていった様子が窺える

儲けは少ないながらも堅実に地域に根づき、町中の人々から信頼を得ていた。

世話好きな女房、旅行好きな母親、そして高校生の息子に囲まれ、彼はささやかながらも人生の成功を確信し、少し早いが隠居後の生活設計を考えはじめていた。

彼の描く余生は幸せなはずであった。歯車が狂い出すまでは——。


夫は謙虚で少しも偉ぶったところがなく地元の名士との誉《ほま》れ高く、妻はどこに行っても鼻が高かった。

忙しい夫に代わり、社交家の妻が子供のＰＴＡの役員を務め、数年後には自治会の副会長に抜擢されていた。

元来、世話好きな性格も手伝い、気がつくと地域の女性コミュニティ

夫が経営していた印刷工場。製品塗装なども行っていたようである

工場内部。機械・機材はもちろんのこと、すべてがそのままである

の頂点に昇りつめ、たくさんの取り巻きたちが彼女の顔色を窺っていた。

そんな折、義母が癌で他界した。唯一のお目付け役が消えた瞬間、何かが崩れていった。

理性というタガが外れたのだ。

自らを「北翠《ほくすい》」と名乗り、玄関横の応接室を祭壇部屋に改築し、彼女は神の領域へと足を踏み入れた。

取り巻きたちからもたらされた情報を駆使し、不幸を背負った若い母親を見つけだしては、

「このまま水子を供養しないと大変なことになる……慈愛観音様にお願いしなけ

祭壇のある宗教施設部屋。金色の小さな「地蔵」が壁面の4分の1程度を占めている。水子供養と称して納めさせられていたのだろう

祭壇もそのまま放置してあった。
5センチ程度の金色地蔵、小さな位牌、枯れた植物と干からびた供物が終焉を物語る

金色地蔵で埋まらなかった壁面。
水子供養と称してここまで集めるのに、どれほどのカネが動いたのだろう

[redacted]

れば……」

と宣う。

相手にしてみれば、もはや観音様がどうこうではない。地域の顔役の言うことを聞かなければ、水子以前に間違いなく不幸になるからだ。

若い母親は、北翠様が自宅で作った稚拙な金色の地蔵を数万円で購入、いや購入させられ、祭壇の前で数分間の祈禱を受ける。

「これであなたの今後の人生も安心です。水子の霊も成仏しました」

母親は安堵する。水子の霊障ではなく、北翠様の逆鱗に触れずにすんだことを……。

金色地蔵が４００体に達する頃、彼女の資産は8桁に達していた。

この部屋だけでもあと１２００体は陳列できる。

スペースがなくなれば新しい部屋を増築し、資産も永遠に増えつづける。

そう、自分は観音の化身なのだから。

大きくはない地方都市である。祭壇のスペースは残り１２００体分あるかもしれないが、もはや供養という形の恐喝に応じる母親はいない。

北翠様は、過去に供養を行った女性に再度連絡をとり、電話口で囁く。

「さらに供養しないと大変なことになる」と……。

1回は付きあいで支払った。

夫も「お前が納得するなら」と苦笑いしながらも、数万円のお布施を認めてくれたことだろう。

しかし、2回目ともなれば、3度4度と続く可能性も否定できない。

いわれのない搾取への恐怖は、北翠様への恐怖を超え、噂は瞬く間に伝播してゆく。

「印刷屋の奥さんは、詐欺師だ！」と。

長年築き上げた信頼は一瞬で崩壊する。それは詐欺と紙一重の「慈愛観音」と共に、堅実に行ってきた本業の「印刷工場」にまでおよぶ。

数十年かけて作り上げた「人生」がわずか1年もしないうちに潰《つい》えるのだ。

仕事は激減し、付きあいのあった寺からのお

[redacted]

みくじの印刷を最後に手がけてからもう半年が経つ。

明日、手形の決済が行われる日だが、当然、金策などない……。

この家で食べる最後の夕食。

後片付けはしない、教祖である妻がするはずもなく、主である社長も疲れきっていた。

最低限の持ち物だけを小さな鞄に入れ、「夜逃げ」がばれないよう車に乗り込む。

いまだに北翠である妻は大切に慈愛観音を抱えている。

置いていくよう諭したが、虚ろな眼でなにかつぶやきご本尊様を手放すことはない。

いつかどこかの地での再興を夢見て……。

車は3人を乗せ、県道を北に向かった。

それはなんの安定も保証も、そして平安すらも存在しない逃避行である――。

朽ちた「慈愛観音」の看板には、水子供養、安産子育、心願成就と書かれている。
これらのご利益は望めなかったようだ

秘宝資料館

——「廃墟の宿命」を背負った物件　九州某所

逸脱した「手作り秘宝館」のまぼろし

山の頂上付近に敷設された狭い車道。

錆びたガードレールを跨ぎ山肌を踏みしめながら谷へと向かう。

枯葉が積もった斜面を滑落するように降りてゆく。

かつて道が存在したようだが、荒廃しもはやその痕跡を見つけることはできない。

何度も転びそうになりながら樹々の幹や枝につかまり辛うじて堪える。

数分ほど格闘の末、傾斜はやや緩やかになり狭い平地へとたどり着く。

20メートルほど離れた正面に、壁の崩れた2階建ての家屋が幻のように現れる。

先ほどまで囀《さえず》っていた鳥の声は消え、得体の知れない雰囲気があたりを覆う。

初冬の冷たい空気が体を包み込んでいるにもかかわらず、総毛立った肌からは嫌な汗が噴き出す。


左手にフラッシュライト、右手にデジカメをかまえ、崩れた壁の裂け目からなかを窺う。

奥に飾られた絵画が光に照らしだされる。手書きで描かれた絵には卑猥な内容が意図的にぼかしてある。

自分の眼が暗闇に慣れず、焦点が合わないのだろうかと錯覚する。

雨漏りで壊れ変色した天井から鎖で吊り下がる木製の器具。

中世の時代、罪人などの首と両手首を挟む拘束具だ……。

それを避けながら、奥へと進む。

床材の合板は侵入した雨水のせいで一部が腐敗し、軋むような音を立て凹む。


フワフワと揺れる床で姿勢が安定しない。室内の空間すら歪んでいるように感じる。

壊れた壁の隙間から入る光は後方へと去り、漆黒が眼前に広がる。

樹々や枯れ枝に呑み込まれつつある物件

ライトで暗闇を引き裂く。現れた光景はおおよそ信じられないものであった。

左に敷設された黒い鉄格子が通路の奥まで延び、そのなかには何人かの「人間」が監禁されている。

肌の大半が露出し、半裸もしくは全裸のような状態だ。

静寂が支配する室内に生気はまったく存在せず、冷気、いや霊気が増幅し思考を奪っていく。

恐怖に抗いながらもゆっくりと近づき、格子の間から檻のなかをのぞく。

廃墟の内部を窺うにはフラッシュライトが欠かせない

人間に見えたのは複数のマネキン人形であった。

ひどく劣化してしまい、顔の塗装が剥がれているモノ――。

突如として現れる時代劇めいた拘束具

暗闇の霊気のなかで、人間と見まごう囚われのマネキンたち

手と足が胴体から分離し、床に倒れているモノ――。

椅子に座ったまま、鎖で体を拘束されているモノ――。

ほとんどが合皮製の黒い下着を身に着けており、猿人のような仮面をかぶったマネキンが立っている。

そこにはサディスティックな快楽の世界が等身大のスケールで具現化されていた。

最低限の滞在時間で、その異常な空間をデジカメで撮影していく。

逃げるように壊れた壁をまたぎ、2階へと向かう。

階段は存在しないため、斜面を登り割れた窓から館内上階へと到達する。

不快感がリセットされることなく、さらなる陰湿な場所へ誘われるとは考えてもいなかった。

カーテンに覆われた闇を再度ライトで照らし出すと、そこにもおぞましい展示物が浮かび上がる。

全裸の少女のポスター、色あせた外人のヌード写真、複数の手書きの歪んだ猥褻な絵画。

さらに性器を模《かたど》ったさまざまな木像や石像、数種類の交尾している動物の剝製。

極めつけは巨大な水槽やガラスの容器にホルマリン漬けにされた、雄雌のクジラなどの性器標本。

なぜかホルマリン標本の中には仔馬まであった……。

建物から外に出て、正面側に回ってみたところ、「秘宝資料館」という看板が掲げられており、いわゆる「秘宝館」的な施設だったらしい。

温泉地のなかの施設ではないが、かなり近くに九州でも有数の大規模温泉が存在する。

展示物以外の残留物はほとんど残されていないため、廃墟になった経緯や時期などはわからない。

猥褻な絵画や巨大な木製ディルド、まぐわう動物の剝製たち

ただ、劣化状態から考えると、おおよそ15年以上は経過しているであろう。

個人レベルの手作り「秘宝館」で間違いないと思われるが、その展示物のセンスが、一般から甚だしく逸脱している。

エロスにユーモア感覚は皆無であり、そこには不気味さしかない。

廃墟になるべき理由はそれぞれであるが、生まれた瞬間に「廃墟」となるべき宿命を背負った、このような物件も珍しい。

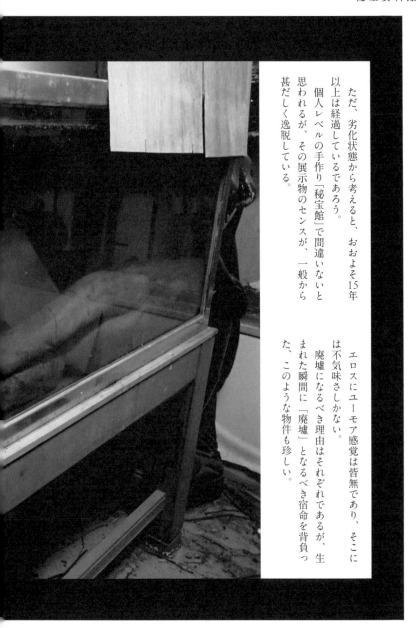

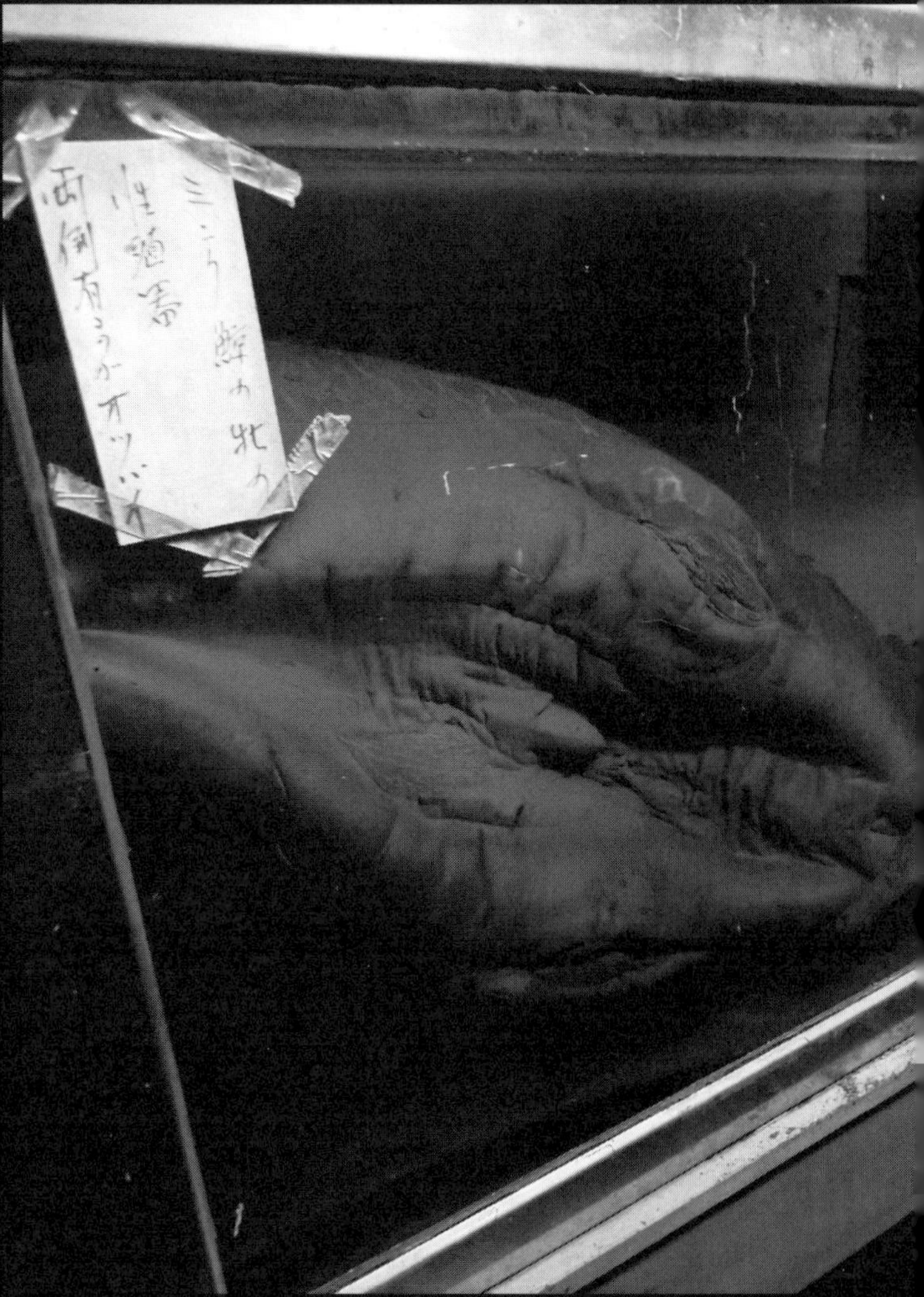

巨大な水槽のホルマリン漬け。張り紙は「ミンク鯨の牝の生殖器　両列有るのがオツパイ」と読める

ホルマリン漬けの仔馬の虚ろな眼

この「異形」ともいえる廃墟こそ、人の眼に触れることなくこの山中でひっそりと消え去ってしまうほうがいいのかもしれない……。

さまざまな瓶詰の標本が散乱する

四、怪物件

nkb-04

KAI

（K井邸）
——華麗なる一族の正体　神奈川県

検証された「伝説の物件」

神奈川県の箱根。横浜から富士山へ向かう途中のこの宿泊地は日本最初の西洋式の避暑地として生まれ、現在でも首都圏からのアクセスの良さで人気の温泉地でもある。

富士屋ホテルをはじめ環翠楼など歴史ある文化財クラスの宿泊施設が点在し、湯本駅から芦ノ湖にわたって数多くの温泉街が連なっている。

そんな温泉地を走る国道を外れた横道、その奥に「華麗なる一族」と呼ばれる、別荘らしき廃墟が存在する。

数年前に廃墟サイトで紹介され、当時同じく話題になった本庄の豪農屋敷のように噂が噂を呼び、瞬く間に関東屈指の有名廃墟物件となった。

本庄の豪農屋敷のようにプロの有名ライターがエンターテインメントとして書いたものならともかく、素人の作った廃墟サイトがなぜここまで大きな反響を生み出したのか。それを検証してみたいと思う。

それにはまず、「本庄の豪農屋敷」について簡単に触れておこう。

＊

埼玉県本庄市に旧農家の廃墟があった。その子孫にあたる女性から調査の依頼があり、廃墟に潜入することになった。

豪邸の数多くの部屋を探索していると、最後はなぜかいずれも仏壇部屋へと出てしまう。

家系図を発見するが、そのほとんどが変死、横死、自殺で亡くなり、依頼者の直系の親族以外は他界しており、台所には焼身自殺を遂げた女性の焦げ跡が今も残っている――そのような内容であった。

この数々の死にまつわる奇異、豪農という表

廃墟エンタメ話として名を馳せた、本庄の豪農屋敷

現に潜むミステリアスな要素も手伝い、恐怖の物件の最高峰として廃墟界を席捲することになる。

さまざまな情報が飛び交い、関東の廃墟フリークのほとんどは血眼になりその物件の所在地を探しつづけた。

それから3年近くの歳月がたち、誰もがあきらめかけた頃、ついに発見の報が巷に流れる。

群馬をメインとする某廃墟サイトの管理人が、当時流布された唯一の外観写真に写っていた高圧鉄塔の位置から探り当てたのだ。

実際の建物は想像していた陰惨さはなく、牧歌的な空気に包まれた豪農を思わせるふつうの建物であった。しかし噂の発端となった本に掲載されている写真を確認すると、ここで間違いがなかった。興奮する心を抑え、引き戸の隙間から進入する。

内部を見回すが、そこに存在すべき負の空気は感ぜられず、土間から奥へと続く通路を中心に右に2部屋、左に4部屋の構造では「最後に必ず仏間へ着いてしまう」こともない。

仏間とはいうが、仏壇が存在した痕跡すらない。焼身自殺を遂げたという台所の焦げ跡も、一般的な竈《かまど》の跡で、特筆すべきものではない――そう、我々は「陰惨な殺人廃墟」というエンターテインメントにまんまと踊らされたのだ……。

*

その数年後、廃墟界ではさまざまな噂が生まれては消えていったが「本庄の豪農屋敷」に匹敵するほどのインパクトが生まれることはなかった。

そして新たなる「謎」に満ちた物件の出現を誰もが待ち望むなか、それは現れた……。

冒頭でも述べたように、神奈川県某所の山奥に豪奢な洋館の別荘廃墟があり、その残留物から皇族の末裔が住んでいた可能性があるというふれこみのレポートがネット上に公開されたのである。

プライバシーに配慮したのかモザイク加工さ

街道からは見えない別荘地の森のなかにひっそりと佇む。有名物件だが発見には苦労した

別荘建屋を横から見たアングル。小体ながらも瀟洒かつ豪華な建物である

れた物件の紹介画像がさまざまな憶測を呼び、閲覧者の無知な推測に端を発する住人皇族説はひとり歩きをはじめ、それを補強するための理由付けが語られてさまざまに脚色されていく……。

　それは、一般人の別荘廃墟であるよりも皇族もしくはその末裔が物件と共に朽ち果て滅びていったという物語のほうが、ドラマチックだからだ。「本庄の豪農屋敷」のようなプロが計算して仕掛けたものではなく、素人の無知から投げかけられた歪んだ素材に多くの人々が肉付けをして、エ

家屋内部の様子。内側から見ても美しい設えだ

ンタメに仕立て上げ物語は肥大化していくという、欲望の構図そのものかもしれない。

あまりに広まった情報は発信した本人すら制御できなくなったのだろう、曖昧な含みを持たせたままコンテンツは削除され、そして伝説となっていく――。

＊

2011年の春、この新たなる伝説の物件を検証する機会がやってきた。

奥深い山中に建つ廃墟のイメージを持っていたが、実際は車道からそう離れておらず目視できる

馬車や猫の置物が残る。富裕層の物件であったのは確実であろう

残留物にはホテルでの集合写真もあった

残留物が豊かさを物語る

程度の距離にそれは建っていた。

　豪奢な洋館風の造りには違いないが、郊外に建つ建売の一軒家よりかなり小さく、「華麗なる」というには本書でも紹介した「歌舞伎町の豪邸」こと、K藤邸に遠くおよばない。

　しかしバブル当時に乱立したような特有の安っぽさはない。物件としては昔からの正統的な別荘といったところであろうか。

　多くの肉付けがなされた、住人を皇族もしくはその末裔とする説。その発端となった天皇家の写真が遺されている。

　だが実はその程度のものは戦前からある家屋にはふつうに見られるもので、珍しくもなんともない。

　菊の御紋が入った箱も、戦後は

残された仏壇の中の「位牌」は回収されていた。半面、人物写真などは放置状態だ

天皇陛下の御真影。「皇族」「華麗なる一族」との噂が立った所以である

誰が所持しても何ら憚られることはないため、それが皇族の証拠ということにはならない。

結論を書いてしまうが、ここの主《あるじ》は都内屈指の歴史ある有名ホテルのマネージャー職（支配人クラス）を務めた方であり、政界や経済界などとのつながりがあったのだ。

実際に別荘として使われていたようだが、主が亡くなったあとは夫人がペットと共にここを本宅とし余生を過ごしたようである。

彼らが相当に裕福な家庭であったのは間違いないが、皇族はおろか本当の華麗なる一族には残念ながらほど遠い。

皇族の愛人説などさまざま流れた噂についても各方面に手をつくして調査したが、それらを裏づけるような事実はなにもなかった。夫を亡くしたあと、未亡人が別荘を本宅にし昭和40年から63年まで暮らした家の廃墟――ただそれだけである。

＊

「本庄の豪農屋敷」「華麗なる一族」――残念ながら両物件ともミステリアスな廃墟ではない。片や最初から仕組まれた演出、そしてもう一方は胡乱な情報をもとに噂が肥大化していったものだ。

対照的な出自であるにもかかわらず同じように有名廃墟物件となり耳目を集めていく様子からは、廃墟がミステリアスな存在であってほしいという人々の欲望の眼差しが窺えるかもしれない。

箱根の森のなかで、別荘廃墟は朽ちてゆく

〔軍艦島奇譚〕

――廃墟で心霊現象は起きるのか　長崎県

光と陰の歴史の境界から

過去幾度となく語っているが、私は基本的に「心霊」などの存在には否定的な見解を持っている。

現代の科学から考えても、そのようなロマンが起こりえる可能性はゼロに等しい。

＊

日本で一番有名な廃墟群である「軍艦島」、正式名「端島[註1]」。

長崎県の海上に位置し、良質の石炭が産出されることから海底炭鉱の島として栄えた。

最盛期には約450×150メートルの狭い島内に4千名を超える住民が暮らし、世界屈指の人口密度を誇った。

その後、主要エネルギーが石炭から石油へと変わり、炭鉱としての長い歴史を閉じた。

栄枯盛衰を体現したようなこの島は1974年に閉山し、50年の廃墟の時間を刻みつづける。

＊

20××年、現在では考えられないが、軍艦島に宿泊することができた。

当時、三菱マテリアルが本島を所有しており、上陸に関しては自己責任のグレーゾーンの運用であるが……。

空は美しく晴れ、懸念された風もなく穏やかな海面を、チャーターした船は滑るように島へと近づく。

船長の計らいで島の外周をひと周りしてくれ、6名のメンバーは夢中でカメラのシャッターを切った。

上陸後、ベースキャンプとして使用する比較的保存状態のよい学校の教室を確保し、宿泊用の荷物を置く。

スキルの高い人のみの参加だったため「16時ごろには戻ってきて」と声をかけ、それぞれ自由行動とした。

海風に曝されたコンクリート建築は、黒に近いグレーの色を纏い、自然の過酷さと歴史の長さを物語る。

船から見る軍艦島の姿にシャッターを切る

全体が産業遺産とされた島に遺る建築群

病院の手術室の無影灯

病室。無数の点滴の瓶が放置され朽ちた箱から散乱。ここで死を迎えた者もいるだろう

共同炊事場や屋上遊園地兼保育所、住宅棟内部、残された人形……。「生活」のすべてがここにはあったのだ

多くの建物の窓は割れ、その奥には真っ暗な空間が広がっている。

崩れた階段、錆びた柱、半壊したドア……。ひとつのコミュニティからすべての生命が消え去り朽ちてゆく様子は、ゴーストタウンと呼ぶにふさわしい。

廃墟を好意的に見る眼がない限り、それは恐怖の対象となり不気味な光景に映るだろう。無限ともいえる「廃墟」の素材に、夢中で島内を探索する。

気がつくと太陽はやや西に傾きはじめ、時計の針は15時を指していた。

他のメンバーよりも早く教室に戻り、設置した椅子に座り静かにこの空間を堪能していた。

昼過ぎに風が少し強まり、室内の古く濁った空気を押し出し爽やかな空間へと変わっている。

軽い微睡《まどろみ》に包まれ、しばし意識を失っていただろうか。1人が戻ってきた。

その気配で眼が醒める。

「栗原さん、今回他のグループって上陸してますか？」

怪訝そうな表情で質問を投げかけてきた。

「体育館に雑賀[注2]さんが泊まってるけど、あとは我々だけだよ」

私はそう応える。

「そうですよね……」

と言いながらも彼の表情は晴れない。

「どうしたの？」

先を促すようにさらに声をかける。

「報国寮の1階で女の子の笑い声を聞いたんですよね」

「若い女性？」

「若いというよりも子供のようでした……」

彼は楽しいはずの廃墟探索に水を差したことを後悔するような様子だった。

「午後に風が出てきたし、これだけ隙間だらけの高層建造物だと、風が向き抜けるときに想像を絶するような音が聞こえると思うよ」

私はそれらしきことを言って彼の不安を拭う。

「そうですよね！」

対岸に見える長崎半島。およそ5キロの距離がある。風に乗って人の声が運ばれることも……

少し表情が明るくなり、彼は嬉しそうに島の感想を口にしながらキャンプの準備を始める。

2人目も戻り、太陽が沈む前にテントの設営を完了するため各自荷物を広げる。

その後、数分おきにメンバーが教室へと帰ってくる。

16時直前に最後の1人が息を切らし戻ってきた。

設営を促そうとしたところ、彼も困惑しながら告白してきた。

「女の子がいたんですよ」

最初のメンバーが驚いて、こちらを見た。

「女の子を見たの？」

あえて落ち着いた口調で確認する。

「はい。見てはないんですが、笑い声が聞こえたのでそちらに向かったところ、誰もいなかったんです」

場所を確認してみると、報国寮のほぼ同じ位置だった。

ただし時刻は1人目より30分から1時間程度

経過していた。

「風の音が、女に子の笑い声に聞こえたのかもね？」

先ほどと同じような説明を繰り返す。

16時をまわった教室に太陽の光は入らず、ゆっくりと無人の島は黄昏へと色を変えていく。

「テントを設置して夕食の準備を始めよう」

二張のテントを立てながら、各自、夜を迎える準備を急いだ……。

食事を終え、再度、夜の探索へ向かう。

昼でも暗い地下などは明るいうちに行く意味もないため、この時間に残しておいたのだ。

事故対策のため2人1組を絶対に崩さないよう釘を刺し、全員が出たあと私もメンバーの1人と出発する。

留置場だったといわれる場所へ向かい、地下に続く階段を慎重に下りていく。

漆黒の口を開ける未知の空間に呑み込まれていくようだ。

「65号棟」。別名「報国寮」。島内最大の建築物。こで少女の声を聴いた

端島の坑道は往時、海面下1キロに位置していた。

そこへエレベーターで降下してゆく鉱夫たち。

彼らには遠くおよばないが、そんな思いが頭をよぎる。

地下に達し障害物を避けようと、あたりを見回す。

その瞬間、頭上を黄色がかった光球がゆっくりと左から右へと移動する。

想定外の出来事に軽くパニックになりながらも、同行者に「ライトで照らしたか?」と確認するため振り返る。

その瞬間、彼が先に「栗原さん、今、頭上を左から右へライトを照らしました?」と問いかけてきた。

電気など通ってすらいない無人の島だ。階段は途中から折れ、外から光が入ってくることはありえない。

まして、対岸から5キロ以上離れているのだ——。


21時には全員教室へと戻り、就寝の準備をしながら、少量の酒を嗜みつつ今日の出来事について語りあった。

先の不可思議な現象について、我々が知りうる知識で結論を出すことは不可能であった。

この島は100年以上の歴史を持ち、戦前、戦中には事故などの悲劇があったことも事実である。

人間が完全に消え去り、長い年月が流れた現在、本来この空間に我々は存在するべきではないのかもしれない。

机の上に置かれたランタンが周囲を淡い光で包む。

その外円の暗闇のなかで蠢く無数の魑魅魍魎たち……。

想像を振り払うよう、割れた教室の窓から廊下をのぞき込む。

突然、強い風が吹き、さまざまな音があたりを包み込む。雑踏にも似た遠くからの喧騒。

深淵に続く闇のなかから女の子の笑い声が聞こえた。

しかしその声に恐怖を感じることはなく、過去からの懐かしい声のようにも思えた。

大小の事故という暗い過去が上に積み重ねられた、たくさんの幸せな思い出も間違いなく存在するのだから——。

註1：産業遺産として登録されており厳密な意味の廃墟ではない。
註2：雑賀雄二氏。『雑賀雄二写真集　軍艦島——棄てられた島の風景』（写真・雑賀雄二、文・洲之内徹、新潮社、1986）の写真家。

教室でのキャンプの様子。
部屋の外は無限とも感じる真の暗闇が支配している

（SR看護学校）

——日本初の看護学校が遺したもの　茨城県

生まれては消えゆく有名廃墟物件

「廃墟」という文化が世間に認知されてから約20年が経つ。

そのなかでも有名物件といわれる「軍艦島」や「摩耶観光ホテル」は観光施設に変貌している。「松尾鉱山」は探索し尽くされ、「小曲苑」「宇宙回転温泉」「東京プライウッド」は解体され地上から姿を消した——。

「有名物件」＝人気の高い物件となるが、それにはいくつかの条件がある。

比較的大規模であること、ある程度の歴史があること。

他には、美しい、混沌としている、奇抜な特徴がみられるといった独特の個性があること……などだ。

昨今、もはや「有名物件」になりえる新しい廃墟は日本には存在しないとさえ、廃墟マニアの間では囁かれはじめた。

たとえ条件を満たす建物が廃墟になったとしても、その後10年以上熟成させなければ良質の物件にはならない……。

＊

そんななか、「茨城県に看護学校の廃墟がある」という情報が寄せられた。

今まで数多くの病院の廃墟を巡ってきたが「看護学校」というジャンルは初めてである。

探索用装備をすぐに準備し、次の日の朝にはその地へと車を走らせていた。

＊

広大な敷地の奥にその廃墟は立っていた。看護師養成所と16室を有する宿舎棟（寮）からなる2階建ての建物である。

一見して、かろうじて中規模物件に属することがわかる。

閉鎖してから数年であろうか、雨漏りやガラスの破壊は多少あるものの、まだ「廃墟」としての熟成度は低い。

探索を開始してほどなく、突然、部屋の奥に横たわる人間が目に入る……。

看護学生寮の部屋。時代を反映して4～6名の相部屋だったようだ

「死体か？」

しかし独特の腐臭がまったくしない。

ゆっくりと近づいていく。

——横たわっていたのは、男女の原寸大の人形であった。

看護学の実習に使ったものであろう。

ひと通り探索を終え、撤収に入る。


看護学校というジャンル、それに付随するさまざまな残留品。一定の収穫はあったものの、有名物件には、すべての意味においてほど遠いものだった……。

撤収経路を探しながら宿舎の廊下を歩き、窓から外を眺める。

森のような木立の向こうに、木造の建築物が建っている。

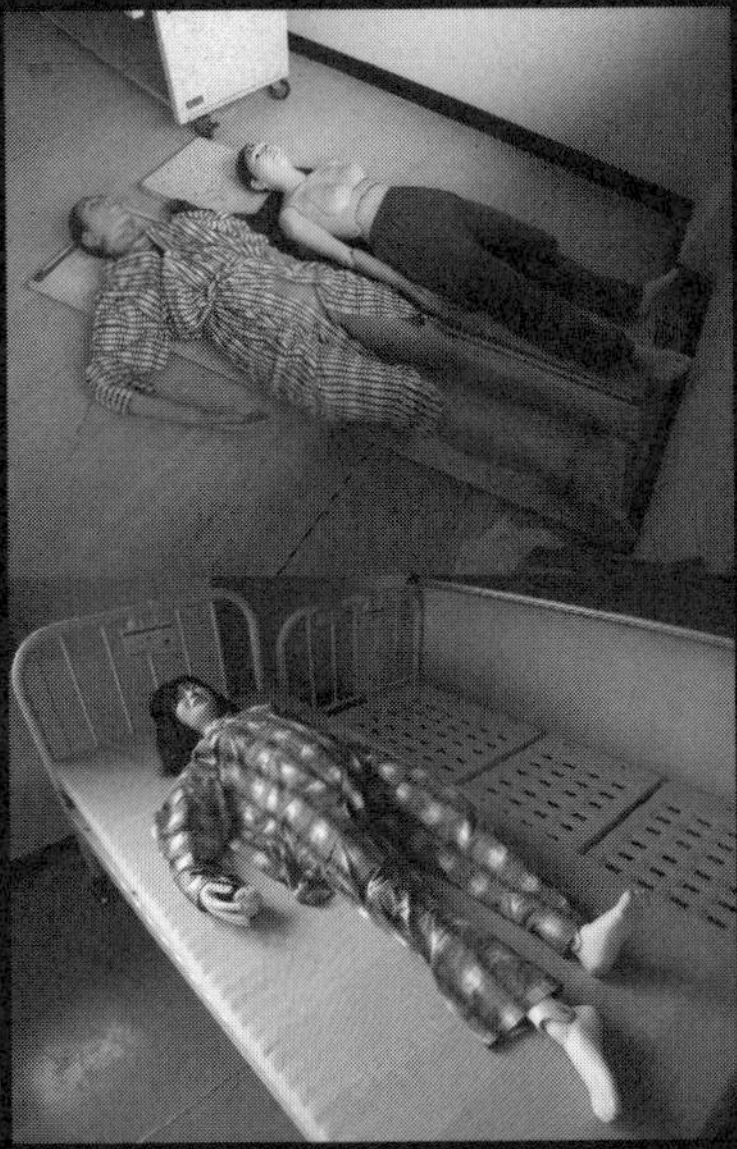

床に転がる男女や、ベッドに寝かされた女性。救急救命法その他の学習に用いる教材用の人形だが、原寸大なだけに存在感が異様

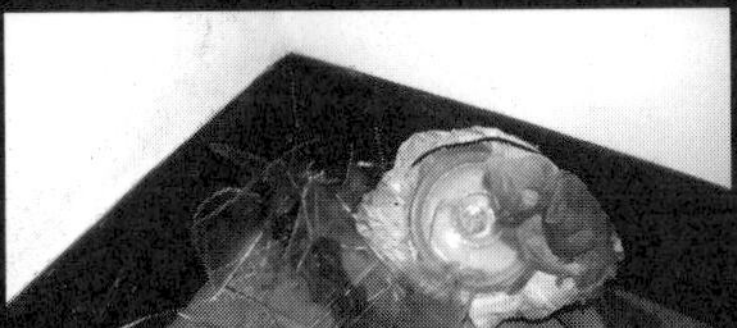

割れた瓶。なにか「標本」が収められていたのだろう。干からびてしまっている

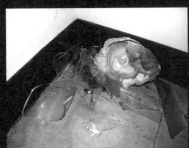

小さな森を挟んで現れた旧館

木々の隙間から見える建物からは、歴史を育んできた廃墟にのみ纏うことを許された威容を感じ取る。

急いで看護学校の外に出ると、夏季のため背丈よりも高く繁茂した植物のなかを掻き分け、一直線に森の向こうへと移動する。

木造平屋造りの横に長い建物の先には、木造と漆喰で建てられた2階建ての洋館のような建造物が聳《そび》え立つ。

明らかに昭和初期か大正時代の建築だ。

薄暗い室内には埃が積もり、乱雑に医療器具が散乱している。

そのどれもがかなりの年代物だ。

ほとんど人間が入った形跡はなく、「放射線室」「薬局」「受付」「会計」などの手書きのプレートも完全に残されている。

大昔の車椅子。博物館レベルの「医療福祉用具」が放置されている

診察室内部。侵入者に荒らされていない「時の止まった」最高の状態である

見るからに年代物の
人体模型が横たわる

各種医療用具。ほとんどの物が旧式化したためか、そのまま残されている

「受付」と小窓に見える待合室。看護学生の実習を担った施設なのだろうか

診察室に転がる嬰児の人形。

レントゲン室に横たわる男性の人形。

どれもが先ほどの看護学校に比べてかなり古く、通路の一部は完全に崩壊し外の景色が見える。

そして、窓から差す光は柔らかく美しい……。

平屋部分は病院、洋館は看護学校として使われていたようだ。

病院と看護学校の複合体というジャンル、歴史、残留物の多さ、自然と融合しはじめる廃墟の魅力……。

どれをとっても最高峰の物件にふさわしい。

＊

本物件「I結核療養所」は1935年に結核軍人療養所として建てられ、2年後に内務省国立結核療養所となる。

戦中は傷痍軍人療養所として転用され、戦後、国立療養所として一般に開放、診察・診療所、准看護学校も擁し、廃墟となるまで約50年以上結核と闘いつづけた。

この看護学校を卒業した看護師の一人が、私の廃墟探索のきっかけにもなった「旧国立療養所N病院」の最後の総看護師長であったのも、妙な縁を感じる……。

日本の廃墟は巡り尽くされた、という意見はこの物件の存在により完全に覆された。

ブーツをトランクに投げ込み、懐中電灯の点灯を確認する。

車のキーを回す。エンジンは軽やかに吹き上がり、ナビの電源が入る。

今日も300キロ彼方の廃墟を目指し、新しい旅が始まる。

目指す物が最高の物件であることを祈りながら——。

1階廊下。雑然と散らばる数々の古い残留物は最高の廃墟にふさわしい

医療器具の残骸。検体容器やアンプル瓶らしきものが窺えるが、全体的にガラスが分厚い

嬰児の模型人形が虚空を見ている

「竜宮城」廃墟
——個人が建てたカオスの館　茨城県

主《あるじ》を失った桃源郷

玄関の横に立つ小さな石碑が雑草に覆われた様子は、長きにわたり訪れる人もいなかったことを物語る。

石碑には、

「桃源郷　移住記念　昭和58年」

という文字が刻まれている。

歪んで朽ちてゆく建物にその面影の片鱗すら見出すことはできない。

ひとりの男が半生をかけて築き上げた夢——

その夢が消え去るのを見ているようであった。

＊

T村は北関東の茨城県にあり、太平洋にほど近く温暖な気候を有する場所だ。

この奇異な外観をもつ「竜宮城」の所有者である男は、大正2（1913）年3月1日に北海道紋別市で生まれたという。

生家は紋別市の中心街で雑貨店を営んでいたが、店を継いだ彼は一代で、最盛期には結婚式場、写真館、レストランを経営するほどの富を築いていた。

しかし、昭和52（1977）年に海上200海里問題で漁獲量が激減。北洋漁業の基地であった紋別市自体が衰退し、事業も立ちゆかなくなる。

その後、妻をも失った彼は5階建ての自社ビルを含むすべての財産を処分し、昭和58年に単身T村へと移住した。

＊

70歳で第二の人生をやり直した男は、15年の歳月を費やし、ほとんど手作りでこの家を建てた。

手前左の「竜宮城」、その奥には「迎賓館」。中央「母屋」の屋上では流しそうめんを振るまい、半地下部分では竜宮城のジオラマを披露する。

さらに母屋の右には「ビックリ！　おもしろ美術館」が並ぶ。プラスチックのような素材でできた円筒形の建物の内部にはさまざまな市販品やお土産のような人形が並び、いわゆる「美術工芸品」はひとつも存在しない。そういった

桃源郷の石碑

意味も含めて、確かに「ビックリ！　おもしろ」に偽りはないのだが……。

この桃源郷が出来上がったのは、平成6（1994）～10年の頃である（建物の一部は未完成）。「竜宮城」は栄華を誇った。

テレビ出演31回をはじめ、雑誌や新聞などの取材を多数受け、当時の都知事から表彰され皇太子と接見するまでにいたる。

地下に造られた龍宮城のジオラマ。故郷である北海道と融合している

訪問客数はのべ1万人に達し、なかには観光バス2台で乗りつけることもあったという。

　まさに桃源郷を手にした男は、齢《よわい》80を超えても母屋の奥にピンクのカーテンとベッドを施した「乙姫の間」を新設し妻を募集したという。

　しかし、頂《いただき》に登りつめると、あとは下る一方である。物珍しさや奇異な面白さは、一巡してしまえばもはや、ふつうの存在と化し、いくらメディアの露出が増えようと、飽きられる時は訪れる。

　平成11（1999）年に最後の建造物「迎賓館」を完成させたその1年後、彼は竜宮城から去る。理由はわからないが、おそらくは病魔におかされ入院したか、高齢者施設に入所したのかもしれない。

寝室。自作の家屋だけに基礎が脆い。いかにもな廃墟の眺めを成す

人気の絶頂期に、かなりメディアに取り上げられたようだ。
雑誌記事や芸能人と映っている写真が多数飾られている

浴室。ここもジオラマ風な設えだが、快適だったのだろうか

最奥に位置する「ビックリ！　おもしろ美術館」。その所蔵物や、いかに……

「ビックリ！　おもしろ美術館」内部。謎の人形や置物が所狭しと展示されている

施設をつなぐ橋を彩った「パラダイス」の看板

美術館に造られた池のような中庭。総じて池などの「貯水」系が目立つのは竜宮城ゆえか

一番手前に造られた円筒形の建造物「迎賓館」。その屋上に造られた家のようなものが「金の間」だ

金の間の室内。特別な来訪者のみ迎え入れたという。名前の通り金色が目立つ

そして平成13年、88歳にしてこの世を去ることになる。

わずか数年の期間であったが、彼は自分の夢をかなえ「桃源郷」を手に入れた。紋別で築いた70年の生活よりも、新天地で竜宮城を作りあげた15年の歳月のほうが充実していたに違いない。

廃墟の骸《むくろ》をさらす奇異な建物「竜宮城」――それは彼の夢の「実体」であり、その夢とともに消えゆく存在なのだ。

手作業の施工であるがゆえに、近隣の売れ残った別荘よりも速く劣化している。

あと数年後には、裏の斜面に崩れ落ち、建物の残骸も完全に消え去るであろう。

主《あるじ》がいなくなったいま、残念ながらこの建物はその夢をかすかに伝えるのみなのだから……。

主のいなくなった「龍宮城」。手作りだけに数年持たずに崩れさった――翁の夢とともに

カローラ山荘／迦楼羅山荘

——森の精神科病院　青森県

潰えた「病者の理想郷」の遺物たち

時計の針は午後3時を回ったところだ。

車を降り、廃墟用の探索装備を急いで身に着ける。そして眼の前に広がる森の奥へと進んでいく。

ここは農耕地や重機置場に囲まれた郊外の森だが、都市部とは違ってかなり深くて大きい。長い間、放置されているのか、植物が無秩序に生い茂っている。

東北の初冬なので行く手を阻むほどではないが、夏になれば奥に進むのは困難になるだろう。

地面が見える獣道のような道を進んでいく。

この先に目指す物件が存在するのだろうかと不安になる。

森に分け入ってすぐ現れる廃屋。患者家族との面会などに用いられたのだろうか

鐘楼のような建造物。高さは2メートル程度。実際は鐘ではなく、明かりを灯したようだ

牛の像。美術療法の一環として造られたのだろうか。どことなくピカソを思わせるコミカルさ

森のなかの像たち。敷地内の随所に見られる。アジアンテイストのものも多いが整合性は皆無だ

太陽はまだ明るく輝いてはいるが、うかうかしているとあっというまに陽は落ちてしまう。

それでも進んでいくと、樹々の間に不思議な建造物が見えてきた。木造の塔だろうか。塔といっても高さ2メートルほどのオブジェのようでもある。

その脇にはそれほど大きくはない和風の建造物もある。

ここが今回の目的地である「森のなかの精神病院」で間違いないと確信する。

＊

創始者である院長は、患者を薬漬けにするのではなく、他の方法で治療を試みたという。

自然のなかで生活することを目的として、1964年に広大な敷地の原生林を買い取った。

そうして人間にとって重要な、コミュニケーションを主体とした共同生活を始

山荘正面の像。「(性的な) 悪魔の誘い」をイメージしているのか。多くに性のテーマが見受けられる

めた。

芸術作品を創作することを通じて、精神の安定を計ろともしたらしい。

理想を掲げた施設はうまく機能したのだろうか。

結果はこの施設が廃墟になっている事実が物語っている。

やはり薬品には敵わなかったのだ。

施設がいつ閉鎖されたのかは不明だが、院長は１９８４年に亡くなったことがわかっている。

その後は新興宗教の施設に転用されたとの噂もあり、１９９０年頃までは利用されていたようだ。

＊

メインの建物である山荘に近づくと、さまざまなオブジェが現れる。

山荘内部。ここは医師家族らの生活の場であり、施設の中枢だ

山荘3階の屋根裏。おそらく患者の寝室に使っていたのであろう。かなり広い畳敷きで、ここで雑魚寝していたようだ

3階の廊下。2階の医師居住区とは対照的に簡素である

美術製作室。山荘の横に設置されたメイン施設。不気味な顔の作品が壁面を飾るように残されている

アート作品らしいが、廃墟と化した薄暗い敷地の奥に鎮座する姿は不気味に思える。

樹々の間から突然現れる異形なものたち……。

心霊スポットとしてもかなり有名な物件だが、恐怖度は間違いなく高い。

やがて赤い三角屋根の山荘へとたどり着く。

エントランスには、悪魔の像が置かれエロスの象徴のように2体が身を絡ませる。

その横には高い階段があり、3階規模の建物となっている。

正面の高所には「蝶」のエンブレムが掲げられている。

治癒した患者が、芋虫から蝶へと変身し、美しく社会へ飛び立つことを意味しているそうだ。

室内にはさまざまな残留物があった。

新興宗教の施設として転用されたためか、なんとも奇妙なものが多くある。

そのフロアは、事務所や応接室（診察室）、医師、経営者らの住居として使われていたようだ。

外階段から上階へと向かう。

ロフトのような構造の部屋には畳が敷かれ、大小の区画に分かれおり、まるで合宿所のように見える。

患者たちは、ここに生活していたのかもしれない。天上からは陽光が差し込み、隔離されることのない自由な空間。

私はこれまでさまざまな精神病院の廃墟を見てきたが、明かに異質である。

患者の楽園を目指した大きな森にある施設。廃墟になったいま、患者たちの心がこもった作品群が立ち並ぶ光景は異様でカオスである。

いつのまにか太陽が傾き、日差しが徐々に弱まる。闇が広がるとともに恐怖心が芽生えてくる。

慌てて施設を立ち去った。歩けども歩けども、森が続いている。不安になった頃、ようやく暗い森の先に光が見えてきた。

安堵すると同時に来た道を振り返ってみた。

敷地内。広大な森全体が精神病院として使用された。トイレや物置などさまざまな手作りの小屋が点在する

半壊した建物。患者用の入浴設備だったようだ。青森の冬を想像すると過酷である

ローマ風の庭園に女性像が並ぶ。山荘の横に造られていた。ここで音楽や演舞療法を行ったようである

どこか遠くから悲鳴にも似た叫び声が聞こえてくる。
鳥の声なのか獣の啼き声なのかはわからない。

あとひと月でこの森は冬を迎える。すべてが凍てつき、理想郷の夢を抱きながら静かに春を待つ。

美術製作室の前に放置された男根の「作品」。性的なイメージが氾濫している

森に放置された、巨大な芋虫と見まごう男性器のオブジェ

五、哀物件

nkb-05

AI

旧長崎刑務所

――明治五大監獄の実態　長崎県

「獄」に繋がれた者たちの視線

江戸時代を含め、国内に罪人を隔離収監するには牢屋敷や遠島《おんとう》しかなかった。

明治維新後、政府は近代化のために監獄の建設を国策として急いだ。

そうしたなか、明治五大監獄と呼ばれるものが造られた。

そのひとつである「旧長崎刑務所」(長崎監獄)は明治40(1908)年に建造された。

西欧列強に追いつくために、諸外国からの評価も視野に入れ、当時最先端の技術が導入された。

また、煉瓦造りの建築は欧州の近代建築ロマネスク様式を取り入れ、デザイン的にも秀逸である。

その後、1992年に新設された「長崎刑務所」に移管され、84年にわたる役目を終えた。2007年には取り壊しが始まり、現在は門のみが記念碑として残っている。

＊

まさに一世紀の歴史を持った物件。

いくつかの建物は増築されるか改修されているが、主要な施設の大半が当時のまま使われている。

[註]本来、環境を改善するのが一般的な流れではあろうが、犯罪者の収監施設ということもあり後回しになっていたのかもしれない。

門から入り、三角屋根が特徴的な正面の建物を仰ぎ見る。

監獄であり、歴史的建造物であり、廃墟でもあるこの物件――。

これだけのオーラを纏う物件は横浜の「根岸競馬場一等観馬見所」以外、私は目にしたことがない。

長きにわたり「外界」と「獄内」とを隔ててきた旧門

内部に入るのに、かなりの精神力が必要なほどの重厚さと、さらには監獄の不気味さもあわせ持つ。

かつて、観光施設の「網走監獄博物館」を見学したことがあるが、ほぼ同レベルの物件が廃墟になっている。

管理棟から収監棟へと長い廊下を進む——100年あまりの歴史を持つ空間をたった1人で歩く。

反響する靴音が幾重にも響き、それすら遠い過去からの音と錯覚するほどだ……。

やがて中央の見張り室へと入る。

放射状に配置された5つの収監棟を1か所から監視できる「ハビランド・システム」を取り入れた光景も圧巻だ。

本来、2階建て(2層構造)となっているが、1階の天井であり2階の床でもある層が崩れ落ちてしまい廃墟としての美

全体に倒壊が進むが、ホール部は廃墟の美を保っていた

通路部も損壊が著しい

2階建て構造なのだが、その2階部の床のみ
ならず階段も朽ちていて、危険である

かつて厳重に閉ざされていた囚人棟
各房の鉄扉は開け放たれている

囚人棟外観。やはり損壊も見られる

しい光景を創り出している。

床の劣化に気をつけながら、いよいよ「人間の檻」へと踏み出す。

明治生まれなだけに房に付帯された番号の「号」という文字は「號」と書かれ、横書き文は右から左に読む。

ひとつの房に何名の囚人が収監されていたのかは不明だが、3畳ほどの長方形の部屋の奥に便器が設置されている粗末な造りである。

美しいはずの空間に足を踏み入れると、圧迫感のような不思議な違和感に襲われる。

怖いとか、不気味であるといった感覚ではないが、心地良い感覚とは相反するものだ――。

気のせいであると思うが、確かに多数の視線を感じる。

ひとつひとつの視線は小さいものなのだが、数十、いや数百の視線が集まっているような錯覚がある。

現実になにかが見えるわけではないのだが、牢のなかに何者かが潜み、覗き窓からこちらを凝視している。

錯覚だといくら心に言い聞かせても、その感覚が弱まることはない。

周囲から眼をそらさず、ゆっくりと監視部屋まで後退する……。

そうするとすぐに日常へと戻り、嫌な圧迫感から解放されていく。

いびつに歪んだ空間から、屋根の穴から光が差し込む美しい廃墟の空間へと戻る。

＊

100年の間にいったい何人がこの場所で服役したのだろうか。

近年でも、あとを絶たない冤罪事件。

明治から戦前の昭和までは、現在とは比較にならないくらい人権が軽視されていた時代だ。

なかには誤認逮捕や不当逮捕のたぐいでそのまま収監された者も少なからずいたはずだ。

あくまでも想像ではあるが、彼らの無念や失意の念が、館内を漂っていたにちがいない。

また、悪人でさえ、この空間で罪を償う苦痛に満ちた時間を、永きにわたり過ごしたのは間違いのない事実である。

本当に心霊スポットなどが存在するならば、この監獄は怨念の坩堝《るつぼ》と化しているであろう。

＊

美しく優雅な外見をしているが、その中身は監獄という、現世の「煉獄」である。無念の思いを秘めたまま、命を絶たれた人間もいたに違いない。

病院の廃墟と同じく、噂や作り話ではない確実な「死」がそこには存在する。

もちろん刑期を終え、再度この門から出て、俗世へと戻った人たちも多くいただろう。

しかしそんな彼らも、さまざまな負の感情をここに置き去りにしたのではなかろうか。

＊

この文化財レベルの物件を壊すのは、

収容者用の入浴施設が枯れて残される

非常に残念であった。

本来は保存して残すべき建造物である。

しかし、見えない闇のなかに存在する、さまざまな「負の念」を断ち切るには、地上から完全に消し去るのが正しい判断なのかもしれない。

意匠を施した煉瓦造りの素晴らしい「門」。

今はそのなかを覗いても、明治や大正、昭和そして平成を跨いだ「煉獄」はもう跡形もなく怨嗟の叫びも聞こえない。

代わりに、温かい日差しを受けた閑静な住宅地が広がり、子供たちの笑い声が遠くに響いている。

註：前述の通り1992年には長崎刑務所に収監機能は移管されている。私が訪れたのは取り壊し前のことである。

3畳ほどの房内、残された便器がここにも生活があったことを伝えている

今にも落ちてきそうな屋根、それでも閉ざされた棟端の扉、崩れて空が見えるエリアも……かつての「煉獄」を過ごした魂ならば、なにを想うだろうか

浦舟細菌研究所
——現存した本物のバイオハザード施設　横浜

漂うはずのない腐臭

実在する廃墟に、「バイオハザード研究所」と呼ばれている物件があるのはご存知であろうか？

日本海側の某県にある、その研究所は、かつて家畜系の薬品を開発製造していたメーカーで、施設の内部には、人気アクションゲーム「バイオハザード」のような設備や機器、用具が残されており、ゲームの世界観を味わうことができる。

しかし、この物件は「体裁」こそバイオハザードであるが、残念ながら「中身」はただの動物の薬品研究所である。

＊

本物のバイオハザードはかつて横浜市の市街地に存在していた。

「浦舟研究所」——近くにある橋の名称からこう呼ばれているが、この廃墟の正体は明治35（1902）年11月に「ペスト検査所」[註]として誕生したものだ。

その後、昭和12（1937）年3月に「神奈川県中央衛生試験所」に組織変更され、公的な細菌研究所として東京に次ぐ巨大都市の医療を支えた。

歴史のある建物だけに廃墟としてのオーラをかなり強く放っている。

明治維新後、横浜は日本近代史の先端を担っていたため、本物件もシンプルなかに文化財レベルの意匠をあわせ持つ素晴らしい建造物である。

＊

暗く長い廊下を慎重に歩いていく。

現在の研究施設と違い、さまざまな配線やパイプそしてダクトなどが有機物の体内のように天井を這う。

日本海側に存在する、動物用薬品研究所兼工場の廃墟

各種配管が剝き出しになった館内廊下、木製ドアが開け放たれた通路。廃墟として良物件といえよう

寄生虫学教室。ここが何の研究を行っていたかを示すプレート。リアルな恐怖が全身を包む

時間という最高の装飾を纏《まと》った空間は、恐ろしいほどの重厚感に満たされ、その雰囲気に圧倒される。

左右には、○○（教授の苗字）細菌研究所とプレートが掲げられた部屋が連なり、横浜大学もここで研究を行っていたようだ。

動物飼育室、昆虫飼育室（寄生虫）など病原体を寄生させる宿主を管理する部屋もあり、まさにバイオハザードの世界を現実に歩いている実感がいや増してくる。

やがて奥に明るい部屋が見えてくる。

そのドアの上には「解剖室」の文字が書かれている。

ゆっくりと部屋に入る。

消毒薬のような臭いにまじり、微妙な腐臭が鼻腔を刺激する。

イメージによる錯覚なのかもしれない。

昆虫（寄生虫）飼育室と動物飼育室。両者のおぞましい関係は言うまでもない——

解剖室への扉。ゾンビ系アクションゲームの世界が現実に存在していた

遺体収納用の冷蔵庫。2列3段、6体の遺体を収納できる。サイズ的に動物用だろう

巨大な空間の解剖室。同時に何体もの解剖を手掛けたのであろう

ここは廃墟となってから30年以上が経過し、本来臭いなど残っているはずがないのだ。

教室ほどの大きな空間、壁面を締めるほどの外窓から自然光が差し込み、室内を明るく照らしている。

１００年以上にわたり使われてきた解剖室。

数え切れないほどの生命が、人類のために消費されてきたのだろう。

清潔に保たれた設備は無機質に淡い光沢を放ち、血液や体液を流せるよう床一面はタイルで覆われている。

人間の念がこもるような恐怖はないが、無垢な動物たちが解剖されて死んでいくのがここで繰り返されてきたのである。

それは、精神をジワジワと蝕んでいくような、辛く悲しい感覚であった。

窓と対面に埋め込んであるステンレスの大きな扉。

そこを開けると、冷蔵庫に死骸を安置し引き出しやすくするためのローラーが2列3段、つまり6体分設置されている。

死骸の冷蔵庫――映画やドラマでは何度も見てきたが、実際に目にしたのは初めてである。

大都市の公的な細菌研究所、明治時代からの歴史的近代建築、最高学府の研究所。

そして解剖室というリアルな死。

もはや、畜産薬品会社など足元にもおよばないほどの「バイオハザード」的な要素が詰まっている。

いや、「的」ではなく本物の舞台である……。

ゲームのような事故は当然起きていないだろうが、戦前の情報統制時代に遡れば実際にバイオハザードが発生していたのかもしれない。

そんな、根拠のない想像がリアルに思えるほど、圧力を感じる物件であった。

実在するバイオハザード研究所。

この素晴らしくも恐ろしい廃墟は、約1世紀の歴史とともに２０１２年に地上から姿を消した。

註：ペスト検査所の建物自体は昭和2（1927）年に建造された。

館内階段。1927年の建造だけに、近代建築物としても秀逸な物件だ

古い廃校にも見える、中庭からの全景。近代建築の集合体である横浜市街地ならではの物件

レキオリゾート
——白亜建築が見せた夢　沖縄県

南国の廃墟が持つ「別種の魔力」

市街地から離れた小高い斜面。

眼の前には、濃く澄んだディープブルーの東シナ海が美しく広がる。

本土では秋だが、ここでは太陽の光は眩しいほど強く、夏と変わらない暑さが身体を包み込む。

うるさいほどの蝉時雨が響く。

沖縄の固有種なのだろうか。金属音にも似た高音が延々と続き耳障りだ。

熱帯の植物が繁茂する向こう側に、巨大な建物が聳《そび》え立つ。

バブル期に数多くのリゾートホテルが沖縄に

建設された。

沖縄はかつては琉球王国という独立国家であり、戦後27年間アメリカに統治された島でもある。

日本でありながら、どこか異国のような独特な雰囲気を味わうことができる。


白亜であったはずの建物は、海風で変色し、窓や外壁が破壊され、ここが廃墟であることを物語っている。

澄み切った海風、明るい陽射し……。

廃墟であるのに、本土のような不気味な陰湿さがまるで感じられない。

心霊スポットを目当てに探訪すると、拍子抜けするほどの爽やかさだ。

リゾートを目指しただけに、塔を中心に左右に宿泊棟が広がるデザイン。

敷地には大小のプールが並び、バブル物件特有の安普請な造りではあるが、現役当時の豪華さを窺い知ることができる。


台風の通り道である沖縄、それだけに自然による建物の破壊は本土とは比較にならないほど進みが早い。

コンクリートやアスファルトで固く整地され

廃墟であることに加え、沖縄独自の湿った空気がさらなる非日常を増幅させる

た地面を割り、植物が繁茂する。
ガラスや建材の破片がいたるところに散乱し、歩行の妨げとなる。
明らかにアメリカで見られるような、大きく原色に満ちた落書きが多く描かれていた。
コンクリートを剝き出しにした建

廃墟のプール。南国のリゾートホテルとして多くの観光客で賑わったのであろう

建屋内部から見たかつてのホテルの庭園。背丈以上の雑草が繁茂し自然へと還る

造物は、まるで白骨化した遺体のようでもある。

客や従業員が建物の魂としたら、それが失われた建物（肉体）は腐敗するように崩壊してゆく。

ガラス張りのエレベーターの内側に敷設された階段。

建物の内部なので、特に劣化することもなく、安全に上の階へと昇ることができる。

途中のフロアを簡単に探索しながら、最上階を目指す。

随所が落書きで彩られた光景はバブル景気の墓標のようであり、
またアメリカ文化を色濃く匂わせる

おそらく海側は素晴らしい眺望であろう。期待を膨らませる。

ほどなく6階へと到達した。

床面に大きな破損はないが、台風の影響だろうか。壁を含む窓などは、完全に破壊されている部分が目立つ。

比較的大きな損壊箇所を探し、ぎりぎりまで外に近づいて景色を楽しむ。

遠くまで美しく澄んだ空と海の碧さ、その接点にはまっ白な積乱雲が眩しく輝いている。

はるか彼方の神々しいまでに素晴らしい世界へと向かい、ゆっくりと足を踏み出す……。

突如として空に轟音が響きわたり、編隊を組んだ米軍戦闘機が凄まじい速さで低空を駆け抜ける。

その音で我に返る。

はるか眼下には、雨水の溜まった寂れたプールと、雑草が生い茂ったホテルの敷地が広がる。

息が詰まるほどの恐怖に、飛び退くように後ろへと下がる。

さらに一歩踏み出していたら、落下して死んでいたかもしれない。

膝をつき頭を振って呼吸を整える。

気づけば恐ろしいほどに、蝉の声が頭のなかに響きわたっていた。

それはすべての感覚を麻痺させ、現実と幻の世界のあわいを見誤るぐらいに……。

太陽は海原へと傾きはじめ、碧い世界を少しずつ赤色へ変移してゆく。

先ほどまで、まったく不気味さすら感じなかった廃墟が徐々に変貌していく。

光と影のコントラストから、闇というモノトーンの世界へ。

まるで栄華を誇ったリゾートが、終焉へと向かうのを再現しているようだ。

いつしか蝉の声も消え、風の音に交じり遠くの波の音が運ばれてくる。

瓦礫と化した建物の廊下。南国の気候風土が劣化を加速させる

ふと、エレベーターシャフトをのぞき込む。吸い込まれるような感覚に陥る――

足早に敷地を抜け、廃墟から遠ざかる。
この恐ろしくも甘美な時間に終わりを告げ、
またいつもの日常へと戻ってゆく。

温暖な気候のせいもあり、植物が育つのも早い。
コンクリートすら破壊する力強さだ

自身の五感さえ心許なくなるような、微妙な「差異」が折り重なってゆく刻が訪れる

朝倉病院
——現世に残る煉獄
埼玉県

鉄格子から響く慟哭

初冬の晴れた空——澄み切った心地よい風が静かに吹いている。空は抜けるように蒼い。

高いフェンスで囲まれた敷地の奥に濃いグレーの建物が見える。

汚れた壁の一部にはひびが入り、長い期間放置されていたことが一目でわかる。

それは地方都市の閑静な住宅街に面した一角にある病院で、凄惨な事件があったことなど誰も想像できないだろう。

＊

この精神科病院はかつて病床を埋めるために、行き場のない高齢者やホームレスを集め、生活保護費を受給させていたという。強引に適

一般病院の廃墟と大きく異なる、窓の外の鉄格子。医師の許可なく外出はできない

当な診断をして入院させていたのだろう。

外界と断絶された世界では、たとえ「患者」にとって不当な待遇があり、それを訴えたとしても「狂人のたわごと」として片づけられてしまう。

被害者は身体をベッドに拘束されたり、裸で犬のように首輪をされたりして個室という檻に監禁されることになる。

手術と称した私刑は、手術室ではなく病室で実行され、何人もの被験者を死に至らしめたという。

約5年間にわたり40名以上の死者を出しつづけた煉獄は、職員の内部告発によりその恐ろしい歴史に幕を閉じた。

これは戦前や戦後の話ではなく、つい20数年前の日本で起こった事件であるというから驚かされる。

やがて2001年にこの施設は巨大な廃墟と化した。

内部告発による認可取り消しで廃墟化した病院。
遺棄された物のなかには医療用消耗品の類も見られ、大変危険である

2階の入院部屋。ここも出入り口は施錠されているが明るい

2階病棟を隔てる鉄扉。
地下に比べれば明るいが、閉じ込めるという意味で大差はない

共同トイレ。自傷等を防ぐため個室の壁が異常に低い

＊

ガラス張りのドアは、一部が破壊され大きな口を開けていた。その光景にゾッとするが、心を落ち着かせて、重く澱んだ空気のなかへと進んでいく。

無機質な硬い床をたたく靴音が周囲に反響し、不気味ななにかに取り囲まれたような錯覚に陥る。

「ただの病院廃墟だ」

自分に強くそう言い聞かせる。

廊下に設置された鉄製の強固なドアのガラス窓すべてに鉄格子がはめ込まれている。

すべては「精神病患者」が逃げ出さないように施された設備であり、他の病院と大きく異なる点だ。

病室も一部を除きベッドは存在しない。

「患者」は身体が悪いわけではないから、日中に寝る必要がないためである。

地下へと向かう階段。さすがの私も、ここを降りるのはかなり勇気がいる

隔離用の個室が並ぶ地下の廊下。暗闇が支配し負の空気が沈殿する

個室のトイレ。もはや足を置くブロックと排泄物を落とす（流す）穴のみだ

重度精神疾患患者用の個室。ブロック壁で囲まれた部屋にはなにもない

倒産物件なだけに、ほとんどの物が残されており、人間だけが突如消えたような光景が続く。

大部屋や個室、トイレ、浴室などを探索したあと、地下へと降りていく。

地下の天井には、そこが唯一の出入り口となる明かり窓が設置されており、半地下のような構造になっている。

階段と廊下を隔てる重い鉄扉を開け、暗闇へと身を投じる。

ライトに照らされた視界には、長い廊下が続き、左側にはいくつもの個室が並んでいる。

分厚い鉄製の扉には外国映画でよく見た小さな覗き窓と食べ物などを差し入れる四角い穴が開いていた。

家具や装飾はいっさいなく、コンクリートの壁と天井、ドアの対面には太い鉄格子が並ぶ。

床にはひとつの穴が空いており、それは排泄用のものである。プライバシーを保つものなど何もなかった。

私は明治時代の監獄廃墟を見たことがあるが、この病院の設備はそれ以下である。

壁面に付着する茶褐色の染みがあるが、排泄物を塗りつけたものなのか、血液なのかはわからない。

もし自分がここに閉じ込められたらと考えると、おぞましさしかない。

足早に撮影をすませ、出口へと向かった。

一刻も早くここを立ち去りたかった。

暗闇に慣れた眼を太陽の光が襲い、軽い目眩《めまい》を覚える。

階段を昇りきってから立ち止まった瞬間、足元の暗闇から、

「オオオォーーン」

という呻き声のようなものが聞こえた。

吹き抜ける風の悪戯だろうか？　――しかし、その声は悲しい泣き声のようにも響いた。

しばしば閉鎖される通路が「境界」を際立てる

患者のせめてもの慰めだったのだろうか

恐竜の棲む洞窟

——異形なものたちが見せる幻影空間　群馬県某山中

朽ちた展示物の陰で蠢く気配とは

切り立った山肌にぽっかりと空いた空間。地下から湧き出るような暗闇が懐中電灯の光を吸収し、呑み込んでいく。

廃墟のそれと違い、洞窟は未知の空間となる。たとえば人工的な建造物の地下は地上階と若干の違いはあったとしても、基本的に物件の形に準じ同様の構造をとっている。

そして完全な暗闇と感じさせることがあっても、実際は地上へと続く階段部分や明り取りの小窓から微量の光が差し込んでいる。

しかし、洞窟は「山」という巨大な構造物に覆われ、いわば本物の暗闇が支配する特異な空間である。

人間が作り出した人工の空間ではなく、自然の一部を利用したという意味でも廃墟とは別格な性格を持つ。

　群馬県の山間部、明治時代中期より加工しやすい軽石からなるこの山の採掘が始まった。

　多くの石が切り出され、近代の建物や構築物建造を支えたが、その後、コンクリートなどの良質な建材や安価な代用建材の台頭によって昭和30年代に閉山となり、この地には数多くの空洞が生み出されることになった。

　ところで昭和50年代に始まった「恐竜ブーム」は、おおよそ数年で収束したが、石切り場に隣接した爬虫類を主体としたこのテーマパークが恐竜を扱うのは自明の理ではなかろうか。

　ブームの終焉を迎えるにあたり、維持管理の経費が、入場者数の低下による収支のマイナスを迎えれば、その施設は閉鎖に追い込まれる。

＊

　意味を失った2つの「素材」が結合したとき、そこには想像もできないほどの異形な空間が生み出された。

　入口から内部をのぞき込む。底が見えないほどの漆黒が空間を覆いそれは永遠に続くように思われる。

　深部へと吹き込む風が複雑に反響し、侵入者の前進を拒ませるような不気味な音を響かせる。

　ゆっくりと一歩ずつ前進を始める。五感を締

洞窟入口に向かう山を切り崩した壁面には、恐竜の化石のレリーフが掘り込まれている

め付けるように恐怖が広がってゆく。

入口から差し込む光が徐々に減退し、代わりに闇が増幅する——自身の歩数にあわせゆっくりと——。

数十メートルは進んだであろうか、広くそして高い空間に出る。

あたりにはさまざまな展示物が並び、その一部分が残骸となり無数に床に散らばっている。

大半が地下水にて水没したなか、体長2〜3メートルもの恐竜が立ち並び、ジオラマにはさまざまな生物の始祖ともいえる原始生物の模型が展示されている。

洞窟のなかに造りだされた、ジュラ紀や白亜紀をイメージした太古の空間。

チープな素材で構成されているのは間違いないのだが、空間に立つとリアルな重厚感を感じてしまう。

約30年間の澱んだ空気が体に纏《まと》わりつく。

模型展示場へと続く通路。パネル展示跡などが窺える

この空間を掘削し掘り進めたのは、人間が認識できる100年程度のタイムスケールである。地層が造られたのは想像をも超えた数億年レベルの悠久の過去の産物である。そのスケールの違いを考えると、目眩でくらくらしそうになる。

フラッシュライトから放たれた人工の光、ブーツの踵が地面を叩く足音、すべてが圧倒的な暗闇と永遠ともいえるようにゆっくりと降り積もる時間にかき消され、洞窟の壁に溶け込んでゆく。

今、この瞬間も洞窟は内部に「異形なるものたち」を抱き、また新たなる生命体が地球を支配する時代が来ても変わらずに時を刻みつづけるのであろう。

「バシャッ!!………」

不意に、水面から音が聞こえる。魚が跳ねたときのような音だ。

とっさに振り向き、音のする方向を照

放置された恐竜の人形。パーク現役時代にお土産店で売っていたのであろう

奥へとつながる通路。感度最大のフラッシュ撮影だが画像が粗い。その暗さを物語る

入口近くに立つ肉食恐竜。約3メートル近い威容だ

マンモスの説明板と牙。傍らには極彩色の古代ヒトデが転がっている

海老か蟹のような古代甲殻類。奥には太古の海中をイメージしたジオラマが設置されている

らすと大きな波紋が広がっている。

　シーラカンスのような有史以前からいる魚類が、銀色の鱗を煌《きら》めかせ水中の奥へ潜っていった姿が見えた。

　そんな幻を垣間見ることができるほど、ここは特異な空間なのだ。

数体の恐竜が綺麗な状態で展示してある。状況から約1メートル近く水没しているのがわかる。
決死の覚悟でこの奥へと渡河する――

奥はメインの展示場だったのだろう。一番人気の肉食恐竜が立ち並ぶ。人工物とはいえ気持ちのいいものではない

11戸の家
――謎のゴーストタウン　茨城県

住人はどこへ消えたのか

ゴーストタウンという言葉はご存知だろう。

土地が潤沢にありあまる北米では、水資源の枯渇とともに街を捨て、新たな水資源を求めて移住する。

その際に放棄された古い街は「ゴーストタウン」と呼称され、人がまったくいなくなった旧市街はまるで幽霊が棲み着く街のようである。

日本でも「ゴーストタウン」ほどの規模ではないが、同じような「幽霊集落」が生まれることはある。

大まかに分類すると、森林伐採を生業として いた村が木材の輸入に押され産業として立ちゆかなくなり、もともと不便な山間部に位置するために転用が利《き》かず、そのまま廃村と呼ばれる「幽霊集落」になる例。

　また、主要産業そのものの衰退によりその地を構成していた巨大コロニーが街ごと「幽霊集落」になるケースもある。

　かつて石炭が国家の主要なエネルギーであったため隆盛を誇った「軍艦島」は、その代表例として今やよく知られる存在と言っていいだろう。

　硫黄の一大採掘が行われていた「松尾鉱山」も、産業構造の変化によって廃墟と化した例である。時代が石油社会へとシフトしていくなか、原油から石油へと精製する段階で大量の硫黄が副産物として発生するため、硫黄をわざわざ採掘する必要がなくなったのである。

「雲上の楽園」と称された松尾鉱山の最新の住宅や工場設備は、そっくりそのまま廃墟と化した。

　しかし、国土の狭い日本では古来から「先祖代々の土地」という言葉が語るように、自らのルーツである土地に対する執着は強く、それを見捨ててまでも他の地に移住するケースは少ない。

　要するに日本に「ゴーストタウン」は存在するが、無人化してしまったのには明白な理由が存在するのだ。

　だが、今回訪れた廃集落は住人が消えてしまった理由をまるで推測できなかった。

＊

　茨城県の某所——。

　農耕地が広がるなかに県道が走り、その脇に商業施設が点在する。

　やや寂れてはいるものの巨大家電チェーンの配送センターなども存在し、過疎地と呼ぶにはほど遠い地域である。

　県道からわずかに脇道へ入った、５００坪程度の敷地。

　そこに11軒の家屋が廃墟となって立ち並ぶ。

　大型店舗の出店、マンションの建設計画、県道の拡張などによる立ち退きだろうか。

それほど珍しい光景でもない。
ふだんなら通りすぎる程度の物件であったが、車の運転も1時間を超えていたため休憩がてら廃墟探索装備の入ったバッグを肩にかけ、その集落に向かう。

ひとまずは手近な建物に潜入してみた。
想像をはるかに超え、かなりの残留物が遺棄されている。
湿度の高い土地なのか床は腐り完全に抜け落ち、家具類が斜めに倒れている。
立ち退きなどにより転居する際にはふつう運び出すであろうアルバムや賞状の類、そ

室内の様子。ほとんどの家具や用品が残され、人間だけがいなくなった光景

位牌などは持ち去られていたが、かなり高級そうな仏壇まで残されている

寝室。ベッドはもちろん、布団もそのままだ

大事なはずの賞状や合格証、思い出の詰まった家族のアルバムまで残して集団で消えた理由は――

台所の食器棚。生活していた
そのままが残されている

浴室。こちらも生活感が残ったままだ。タイル貼りの浴室にステンレスの浴槽が時代を物語る

部屋内に生活のすべてを残したまま床だけが抜けてしまった珍しい光景

して立派な仏壇……。まるでなにかに追われ身ひとつで逃げ出したかのようなモノの残り方だ。

しかし、主《あるじ》が亡くなり子孫も途絶えた家などは、こういった残留物が見られる例も多々ある。

この時点では「上質な廃屋だな」程度にしか思わず、隣の廃屋に移動する。

しかし、この家も1件目と同じように異常なまでの残留物がそのまま放置され、それほど使用感のない子供服までもが、何着も床に散乱している……。

気がつくと夢中で全戸を巡り終え、言いようのない違和感を覚えていた。

わずか2軒ほどが空家になっていて、きれいに片付けられていた以外、残りの9軒はまるで人間だ

子供部屋も床が抜けている。無数の玩具とともにこの家も自然に還るのだろう

けが忽然と消えてしまったと言っていいほど家財道具が残っているのだ。

その寂静さに呑み込まれそうになる。


この集落になにがあったのであろう。それを知る住人はもうここにはいない。

あたりまえのように繰り返されていた日常が、この集落のように突然、終わりを告げるという現実に戦慄を覚えた。

陽が西に傾いてきた。ここにとどまる精神力はもはやなかった。

車へ戻ろうと無意識に小走りで立ち去っていた。

コミュニティの通路。並んだバラックハウスが植物に呑み込まれていく。まるで都市部の廃村のようだ

摩耶観光ホテル

——女神の住まう廃墟　兵庫県

優しく迎えてくれた廃墟

「廃墟景観シンポジウム」に登壇する私は、その前日に「摩耶観光ホテル」へと向かった。

そこからインスピレーションを得るため、関係者だけが特別な許可をもらい内部に入ることができた。

ケーブルカーは「虹の駅」へと着いた。

いつもは閉じられているホテルへの扉が大きく開かれ、一般の方が入らないようスタッフが立っている。

その知り合いは、

「みなさん来てますよ」

と嬉しそうに案内してくれた。

晩秋の雲ひとつない青空、紅葉で染まる樹々に浄化された空気は清々しく澄んでいた。

＊

神戸の港街を見下ろせる、摩耶山の中腹に建つ[註1]文化遺産レベルの廃墟。

昭和5（1930）年に、神戸に居住する外国人の避暑地として建造された。

当然、昭和初期の外国人富裕層と、日本人労働者の収入格差は語るまでもないほど大きな開きがあった。

そんな「格安」の労働力をためらうことなく投入して、現在ではコスト的に建造不可能な豪華ホテルが山中に建造された。

アールヌーヴォー調の近代建築、90年近くの時間を重ねた「ホテル」は内外ともに荘厳なオーラを放っている。

廃墟にありがちな心霊的な怖さはなく、神秘的で重厚なものである。

廃墟好きならわかると思うが、その物件と対峙した際に全身の毛穴が開き、アドレナリンが噴出する。

息が苦しくなるほどの感情の昂ぶりに襲われる。

そんな表現が大袈裟ではないほど、国内でもトップクラスの廃墟である。

＊

曲線が際立つ優美なデザインである

館内は全体に天井が高く豪奢な造りである。素晴らしい廃墟のオーラに満ちている

現役時代レストランとして使われた中ホール。陽光の差すやわらかな空気感が心地よい

長い歴史を持つ有名な物件だけに、数多くの怪奇譚が存在する。

ただし、恐怖というより不思議な現象ともいえる内容だ。

1 雨音が足音へ

懐古文化綜合誌『萬』(臨時増刊号――「廃墟の魔力。」)を出版した田端宏章氏の談。

廃墟という文化の創世記である2000年頃のことである。

大ホールの写真を撮っているときの話だ。

前夜から降る雨でいくつもの水溜まりができ、床面の多くを占めていた。

屋根からは無数の水滴がしたたり、広い室内へと落ちてゆく。

誰もいない山奥のため、雑音を含まない水音は心地よく聞こえる。

ホテルの顔、大ホール。ここでさまざまな不思議現象が確認されている

10分ほど撮影を進めていたとき、不意に違和感を覚えた。

不規則であった水滴の音が、少しずつ規則的に整ってゆく――。

さらに時間が進むと、その音はまるで足音のようなリズムを刻んできた。

「ドーン!」

不意に雷鳴のような轟音が響く。

その直後、水の音は、元のように不規則な雨音へと戻った。

2 走り回る足音

夜明けの直前に、私を含む3名で山を登った。

阪神淡路大震災によってケーブルカーやロープウェイも止まり、ホテルへ行く手段は徒歩しかない。

ほぼ徹夜で東京から車を運転してきた私は、疲労が溜まり重たい足を引きずるように階段を踏みしめる。

20代の仲間の一人は、車内で十分な睡眠をと

り軽やかな足取りで登ってゆく。

「先に行ってますよ！」

10分もたたずに、彼は視界から消える。

太陽がいよいよ顔を出す瞬間、ホテルまでやっとたどり着く。

視界には煌めくような神戸の港町が美しく広がっている。

うっすらと太陽を浴び浮かび上がるホテルはモノトーンから色彩を帯び徐々に輪郭を表す。

まだ暗い内部へと踏み込むと、先行していた仲間と遭遇した。

「あれ？　いま、着いたんですか？」

「うん、5分くらい前にね」

「えっ！　15分前にホールで足音がしたんで、とっくに着いてると思ったんですよ！」

ホテル空撮。紅葉に包まれ美しく佇立する姿は、まさに「廃墟の女神」だ

彼が言うには、下階を探索しているときに、上の階（大ホール）を走り回る音が数分間にわたって聞こえたので我々が着いたと思ったそうだ。

その後、建物内をくまなく探査したが、足音の主を見つけることはできなかった。

3 舞踏会に集う人々

復興した神戸の夜景を見るために、夕方前に「摩耶観」を訪れた。

夕日の朱に日差しの色が変わる刹那、光が琥珀色に変わり室内を照らす。

柔らかい金色に包まれた空間は神々しいほどに美しく変貌してゆく。

その瞬間を見計らったように、仲間が私に声をかける。

「栗原さん、ホールに来てくださいよ」

カメラで最高の「画」を撮ろうとしていただけに、怪訝な表情で階段を登る。

ホールの中央には一脚の錆びた椅子が置いてある。

彼は「そこに座ってください」と促す。

言われるがままに椅子に座る。

舞台の中央には彼が持ち込んだダブルラジカセ（当時のポータブル音響装置）が設置してあり、再生ボタンが押された。

[註2]大音響で響く荘厳なクラッシック。

静寂に支配されていた大ホールは、心地よい音楽に包まれる。

静かに眼を閉じる。調和された旋律が心に染み込む。

刹那、ホールにはたくさんの人々が集い喧騒が広がる。

映画で見たような、大正時代から昭和初期の舞踏会のまんなかにいるような感覚があった。

錯覚ではない——間違いなくそのなかにいるのだ。

閉じた瞼の奥から、涙が溢れ出る。

思わず感極まった状態になっていた。信じられないが事実なのだ……。

眼を開けた瞬間、そこは廃墟のホテルに戻り、変わらずに音楽が流れつづける。

陽は完全に落ち、暗闇が恐ろしい速さで空間を漆黒に染めてゆく。

呆然とした私に彼はこう言った。

「栗原さん、ファインダーばっかり覗いてないで自分の感覚で廃墟を楽しみましょう」

私は涙をぬぐうのも忘れ、何度も大きく頷いた。

駅から続く階段を進む。

壊れている箇所、植物が繁茂している場所。

それらを避けながら慎重に下ってゆく。

10年近い歳月はあらゆるものを変化させてきたが、ここは時間が止まったように過去の風景

私はここで、舞踏会の「幻影」を見る——

と大きく変わらない。

当時と異なるのは、各所に掲示された「警備システム」の注意喚起の表示だ。

数年前に、あまりにも不法侵入者が多いため現所有者が設置したのだ。

建物の前には、主催者である前畑[註3]氏が数名の関係者と撮影機材の確認を行っていた。

不法侵入者を防ぐため監視システムが導入されている

歳月が流れても、この物件は時が止まったかのように在りつづける

「お久しぶりですね！」

挨拶を交わすと、「先に入っててください」と促される。

アールデコ調のホテルは昔と変わらず、荘厳なオーラを纏い存在しつづける。

エントランスを抜け、摩耶観の一番の見所でもある大ホール入口へ立つ。

冷たい空気が心地よく頬をかすめ外へと流れてゆく。

いくつかの窓ガラスが失われていたが「舞踏会」を見たあの夜と、なにも変わらない。

時間も空間も超えた不思議な感情が湧き出る。

「ただいま……」

心のなかで小さく呟く。

「まったく変わりませんね」

と、後ろを振り向き声をかける。

スタッフを含めたみんなが立ったままこちらを不思議そうに見ている。

「どうしたんですか？」

私は尋ねる。

「栗原さん、実は警備システムを解除していなかったんです」

前畑氏が、複雑な表情で答えた。

廃墟潜入を謳っている私が警備に引っかかった際のリアクションを見たくて仕掛けたのだ。

「もう一度、入ってみてください」

エントランスの階段を登りきった瞬間、大きな警告音とともに女性の声でガイダンスが流れる。

「警備システムが作動しました！　直ちに退去してください」

数回繰り返したあと、警備システムを止めるカードをコントロールパネルに読み取らせ、音が止まる。

「何度もテストしたんですが、この警備システムをくぐりぬけたのは栗原さんが初めてですよ」

もちろん、実際に警備システムが作動しないのでは意味がない。

その後も、何回か私が通った経路をスタッフがたどって試してみたが、確実にシステムは作動し警告音が周囲に響きわたった。

「また伝説を作りましたね」

前畑氏が嬉しそうに笑った。

＊

多くの廃墟好きが「摩耶観」を廃墟の女王と呼ぶ。

王である「軍艦島」と比較して優美な曲線的なデザインで女性をイメージさせるからである。

しかし、私は女王ではなくここには廃墟の「女神」が住んでいると思っている。

その女神は、廃墟を愛《め》でる者に対し危害を加えない程度の悪戯《いたずら》を楽しむのだ。

警備を解除して全員で内部へと入る。

各自が忙しそうに、機材を搬入して準備を始める。

あの日の幻影を求め、大ホールのまんなかに立ってみる。

六甲山の隣に位置する摩耶山にも頂上から降りる風が吹く。

割れた窓から吹き込んだ風が室内で無秩序に向きを変え、さまざまな音を奏でる。

スタッフたちの声や喧騒に混じり耳元に優しい女性の声が囁く。

「おかえりなさい……」

それが本物なのか幻聴なのかはわからない。

しかし、彼女は10年ぶりに再訪した自分を、優しく迎え入れてくれた気がする。

註1：2021年6月24日、登録有形文化財認定。

註2：DVD「廃墟解体新書」（監修・

10年ぶりの私の再訪を、
「廃墟の女神」は迎え入れてくれた――

栗原亨、販売・GPミュージアムソフト、2004年）

撮影時、特別な許可のもと実施。

註3：J-heritage総理事、前畑洋平氏。

コラム1 廃墟はなぜ心霊スポットとなるのか？

廃墟系の心霊スポットには、その物件のいわくが付けられる。

例えば、

「事故があって人が亡くなった。それで心霊現象などがあり廃墟になった」

また、廃屋（一軒家）などでは、

「一家心中や一家惨殺があって家人がすべて亡くなり、廃屋になった」

そして極めつけは病院で、

「医療事故が多発し廃院となり、死亡した患者の霊が……」

といった理由が典型的だ。

では、本当にそんな事件があったのだろうか？

残念ながらほとんどの廃墟に、[註1]そのようなドラマは存在しない。

宿泊施設における個人レベルの死亡事故などは別として、上記のような事件事故が発生していれば、公式な記録が存在するはずだからだ。

では、そのようないわくが生み出されるのはなぜなのだろう。

ひとつひとつ見ていこう。

（ホテル・旅館）

ほとんどが経営不振における倒産が原因である。

建造途中の物件などは、母体の

（廃屋）

住居としての廃墟である「廃屋」、これは経済的に困運営会社が破綻し、完成まで至らなかったのだ。

当然、倒産の際に多額の負債を抱えているため、建物を取り壊し更地にする資金はない。

ただし、人口密集地など土地の再利用が見込める物件は、土地の売却益を充てて取り壊すケースもある。

残念ながら山奥や寂れてしまった観光地では、転用するケースは稀となる。

HOTEL & RYOKAN

HAIOKU

窮した末の夜逃げ、または後継者不在による家系の断絶などが原因である。

また、親族などがいたとしても、資産価値のない土地家屋は、解体する費用を捻出できず相続放棄や放置されることが多い。

なかにはかつて鎌倉の一等地に存在した有名スポット「サザエさんの家」などのように、価値が高すぎて相続でもめたあげく放置にいたる、といった例外もあるが――。

もちろん、最後の住人が孤独死したというケースは考えられるが、一家心中や惨殺は実際にはほとんどない。

（病院）

HOSPITAL

こちらも経営不振による倒産がほとんどだが、原因としては医師不足、過疎化による住民（患者）の減少、経営者の高齢化、設備の老朽化、医療[注2]ミスによる評判の低下などが原因である。

病院の場合は比較的市街地にあるため、取り壊される確率は高い。

ただし、人口減少傾向にある地方都市の郊外や、莫大な費用がかかったり複数の債権者が絡んだりする巨大病院などが壊されず廃墟と化す。

廃墟のカテゴリーには他にもあるが、代表的な三つのカテゴリーをあげてみた。

以上のような要因を経て管理されることもなく放置された建物は、風雨や人為的な破壊により徐々に朽ちてゆく。

自然に彩色され、心ない人間に窓を割られ、建物は不気味な様相を徐々に纏《まと》っていく。

そして映画や漫画に登場する幽霊屋敷のように、その存在は心霊が棲むにふさわしい廃墟と化してゆく。

手入れをされない木々や雑草に覆われ、巨大な墓標のように聳《そび》える廃墟は、「心霊スポット」へと変貌するのだ。

人間とは不思議な思考を持っており、得体の知れない、正体のわからない存在に対して恐怖心を抱く。

眼の前にある、不気味なオーラを放つ廃墟に対して、その怖さの理由を探ろうとする。

「客が来なくなって、潰れてこうなったんだよ」

そんな残念な理由では、絶対に納得できない。

倒産したぐらいで、これほどまでに恐ろしく感じるはずはないからである。

「ここで厨房から出火があり、就寝していた客が10人以上焼死した、その無念の霊が彷徨《さまよ》っているんだよ」

ここまでしっかりした根拠めいたものがあれば、心から納得できるのだ。

こうして、「得体の知れない、正体のわからないものは怖い」という本当の恐怖から逃げて、「事件や事故があったから怖いんだ」という虚構を受け入れる。

そして、エンターテインメントとしての心霊スポット探検を楽しむのだ。

これが、何のいわくもない廃墟物件が、恐怖の「心霊スポット」へ変移してゆくプロセスである。

安心するための怖さを創作し、本物の怖さから逃れようとする。

人間の身勝手な妄想で「心霊」扱いされる廃墟は被害者なのかもしれない。

＊

数件の廃墟を巡り、ここに着くのは日没直前になってしまった。

徐々に暗闇へ包まれていく6階建てのホテル。

壊され燃やされ、破壊の進んだ建物。

剝き出しのコンクリートは黒く変色し、無数の落書きに覆われている。

枯れた樹々の枝が、視界と建物の間に黒い影となって魔物の腕のように曲がり、行く手を阻む。

割れた窓がいくつもぽっかりと口を開け、奥には漆黒の空間が広がり、そのなかに怨霊が潜む。

想像が生み出した恐怖が、ゆっくりと心を蝕んでいく。

まるで、高級なワインが食道を通り体に染み込む甘美な時間《とき》のように。

だがここは何の事件性もない倒産物件である。

そんなことは頭では理解していても、感情が創り上げるロマンは、理性をも凌駕するのだ……。

註1：本書に掲載の「朝倉病院」では実際に事件が発生している。
註2：この場合は、心霊的な医療ミスではなく、やぶ医者などによる評判の低下。

コラム2 心霊廃墟

人間という生き物は、基本的に恐怖を本能的に回避しようとする。

恐怖とは、生命に危険をおよぼす可能性が大きいからだ。

その半面、スリル系のアトラクション、恐怖を人工的に作り出したお化け屋敷などには対価を払ってまでも、その恐怖をあえて味わおうとする。

根底には、恐怖を克服した達成感に、快楽を感じる精神構造があるからだそうだ。

安全性が担保されていれば疑似恐怖を求めるのである……。

日本中に点在する数々の廃墟のほとんどには、恐怖を生み出すべき「理由」は一部を除き存在しない。

さわやかな高原に建つ「横向ロッジ」。近隣に住宅などがなく「やりたい放題」であった。心霊と破壊はセットのようである

福島県の山間部、付近に住居や店舗、施設などがまったく存在しないロケーションに聳《そび》え立つ廃墟。

徹底的にというほど窓ガラスは破壊され、内装もほとんどなく剝き出しのコンクリートは無数の落書きに覆われた巨大な建物。

「横向ロッジ」と呼ばれるその物件はかつて温泉ホテルであった。

福島の最恐心霊スポットとして認知され、さまざ

子供の霊がいる落書き。実際は存在しない霊より、こういった稚拙な落書きを描く人物のほうがはるかに怖い……

まな子供の霊が現れるという。

枕言葉には「稲川淳二も驚いた」とつくが、何に驚いたかは語るまでもないであろう。

前述したロケーションのため、車も自由に駐車でき、数人で訪れ夜間にかなり騒いでもまったく問題がない。

同じく福島県の有名な湖の近くに存在する「幽霊ペンション」。

こちらは山間部ではあるが森のなかに立つ2階建て程度の洋館である。

ほとんどが焼失してしまっているが、正面の洋館風の壁面、内部の巨大な煉瓦造りの暖炉が残されており、かなり不気味な印象を与える。

「幽霊ペンション」。ある湖の近くの森に隠れるように存在する。
見事に廃れた外観は、心霊スポットに風格を与えている

コラム2

こちらは焼身自殺、首吊り自殺、殺人事件が続けて起こった結果、宿泊客が減ってしまい経営不振に陥ったオーナーが地下で自殺を遂げた。

それを見た妻が精神を壊し、息子を道連れに心中を図った。

——そのような怪奇譚のいわくをすべて内包した、心霊スポットの代表格である。

廃墟になったあとに火事（ほとんどが放火）があった場合でも、住人の焼身自殺が廃墟になった理由として流布されてしまうのは、もやはお約束であろう。

こちらも付近に住居などはなく、また森を抜けて行くと現れる「廃墟の洋館」と、まさに映画のワンシーンのような体験を味わえる。

レンガ部分と暖炉風ストーブは原型を留めている。しかし怖いかどうか不明な「心霊」風の残念な落書きが描かれていた

この代表的な2つの物件を通して心霊スポットを分析してみるとわかるのが、

1.心霊が出る「理由」がある。
2.肝試しをしても近隣の住人などに通報されない。
3.客観的に不気味な外観をしている。
4.そこそこ恐怖が味わえる規模がある（アクセスを含む）。
5.「1」の理由の根拠になる素材がある。

という点である。以上のような要素が複合的に絡み合っている。

まったく何のいわくもない温泉ホテルと、ペンションブームの終焉で閉鎖された宿。

そんな大きな箱はこれらの要素によって、天然のお化け屋敷（実際は人工だが）として、訪れる者たちに機能する。

現実のテーマパーク運営よりリアルに近いが、本物の事件や事故があった場所よりは精神的な安全は担保される。

そうして、訪れた者たちの体験談が伝播していくうちに話に尾ひれがつき、ますます人を惹きつけ、定番心霊スポットとして成立する。

そういったことではないだろうか。

かつてホテルニュージャパンなどのリアルな事故があった廃墟も、心霊スポットとして認知はされたが、訪れる人は少なく、遠巻きに見る程度だった。

多くの日本人は義務教育である中学で学習する「エネルギー保存の法則」を知っているはずだ。心霊現象などありえないことはわかっている。

そんななかで、定番心霊スポットと化した廃墟は、ある程度の安全性の担保のもと、恐怖の克服という体験を提供してくれる。仲間たちでスリルを味わうイベントとしては、うってつけというわけだ。

昭和時代の口コミや噂が令和の時代となりインターネットへと変化しても、昔から続くイベントはこれからもなくなることはないのであろう。廃墟という舞台が存在する限りは……。

あとがき

廃退的で、刹那的、人工物が自然に呑み込まれ自然に還ってゆく過程。

その一瞬を切り取った美しい画像がネットやＳＮＳ、そして写真展に並ぶ。

「美しい廃墟の合同写真展」「息を呑むような廃墟の美しさ」「美しく幻想的な廃墟」……。

しかし、過去何十年もの間、汚くて怖いとイメージされていた「廃墟」がこの10年間で美しくなることなどあるのだろうか？

約１８００件の廃墟を30年以上にわたり探訪し、見つづけてきた経験から私が答えを出すとするなら、

「99％が不気味で汚く危険、残りの１％だけに美しい風景を見い出せるかもしれない」

廃墟フリークは不法侵入という社会的な制裁を受けるリスクを背負い、目的の物件へと潜入する。

敷地には、背丈ほどの雑草が生い茂り、毒を含んだ鋭利な葉や硬く尖った棘が皮膚を切り裂く。

蜘蛛の巣が顔を覆い、無数に飛来する羽虫が体に纏わりつき、腕は藪蚊、脛はダニに喰われ赤く腫れあがる。

朽ちた床や階段は簡単に崩れ、骨折をもたらす重力の洗礼を受ける。

ガラスの破片は皮膚を薄紙のように引き裂き、木片から突き出た錆びた釘は靴底を突き抜け、恐ろしい苦痛を伴い足の裏を貫く。

空調設備が稼働しないため、真夏は灼熱の太陽に灼かれ、真冬に水溜まりに浸かった足は痛いほどの冷たさに曝される。

不法に占拠する何者かの気配に怯え、そればかりかその相手に襲われることすらある。

階段には鳩の糞が幾重にも積もり、悪臭に包まれた足元を滑らせる。

10年以上、屋内に沈殿した空気はアスベストを含む、得体の知れない物質の埃や壁を覆いつくすカビが舞い上がり空間を汚染する。

部屋のなかで腐敗した動物の遺骸は恐ろしいほどの腐臭を放ち、運が悪ければ「人間」の遺体とも遭遇する可能性もある。


それほどのマイナス要素を無事に抜け出せた先に、ごくまれに「美しさ」が存在することがある。

残念でがあるが、これが廃墟の実態だ。

ただし、ほとんどの者はその99%の部分にはいっさい触れずに1%のみを強調し、表現しようとする。


多くの人たちが美しさだけを切り取った廃墟の幻影に魅了されるからである。

実際に「廃墟に行けば、リスクも不快感もなく、素晴らしい廃墟の風景に出逢える」

そう勘違いしたにわか廃墟好きが増え、廃墟潜入のハードルを下げ、事故や逮捕などの案件が多発しているのが現状である。

本書では、あえて昨今の廃墟事情に警鐘を鳴らすべく闇の部分だけを取り上げてみた。

これこそが廃墟の実態である。


それでも私は今日も新しい廃墟へと潜入する。

出発前には妻に探訪先のリストを渡してある。

Afterword

肌が露出しない服装に着替え、手には革製のグローブを着け、足には軍用のタクティカルブーツを履く。

虫除けスプレーを体中に散布し、すべての装備が確実に作動するか予備を含めチェックを行う。

最後に、スマートフォンの電波が届いているのを確認する。

そこまで準備を整えても、ほんの少しの違和感や危険性を感じたとしたら、廃墟には入らず諦めて撤収する。

「せっかく休みを調整し、長い距離を走りここまで来たんだから……」と無理をして廃墟へ入るリスクを考えたら、そんな労力は大したことではない。

もったいないのは、いままで自身が築き上げた人生と生活であり、廃墟までの行程ではないのだから……。

すべての条件が問題なく整い、そこで初めて未知の領域へと踏み込むことができる。

そこは「かつて」人間が滞在し管理されていた空間であるが、現在は人間がいるべき空間ではないのだ。

ここまで気をつけても、このなかで命を落とす確率は、日常と比較すれば飛躍的に高い。

美しさだけではないことを受け入れ、楽しめる気持ちがなければ、廃墟など見る価値もないだろう。

あらためて言おう。「廃墟ウツクシカラズ」と——。

2024年5月

栗原 亨 KURIHARA TORU

画像協力・提供

［カバー］.....提供　川田雅輝（@RuinsMasa）

［本　文］.....マルイ病院　提供　吹雪大樹（@fubuki_taiju）
彩河アキラ（@AkiraLizard）

ホテルK　提供　うえまつそう（@sou_beebangboo）

軍艦島奇譚　提供　toshibo（@JIYUKENKYU_jp）

摩耶観光ホテル　提供　Saho（@urbex_34）
協力　前畑洋平（@maefa1109）
日本サービス株式会社

［初　出］『不思議ナックルズ』...Vol.5、Vol.10、Vol.13...（2006年5月～2008年3月）...ミリオン出版
『怖い噂』............Vol.1～12、15、16、18...（2009年5月～2013年8月）...　同上

『日本の異世界』......松閣オルタ監修...（2021年11月）...宝島社
『竹書房怪談文庫
実話怪談 牛首村』....吉田悠軌ほか著...（2022年1月）...竹書房

上記に掲載の原稿をもとに、加筆訂正を施し、書下ろしを加えてまとめた。

ニッポン怪物件

NIPPON
KAI
BUK
KEN

栗原亨 Kurihara Toru　PROFILE

1966年生まれ。廃墟および樹海探検家。

30年以上にわたり約1,800か所の廃墟物件を巡り、青木ヶ原樹海にて70体以上の自殺遺体を発見してきた。

著書・監修書に『廃墟の歩き方』『廃墟の歩き方2』『初めての廃墟の歩き方』『樹海の歩き方』（以上、イースト・プレス）、『新・廃墟の歩き方』（小社刊）、『廃墟紀行』（マガジンランド）、『ウソかマコトか!?　恐怖の樹海都市伝説』（秋田書店）、『実話怪談　樹海村』（共著、竹書房）、『シンスポ　心霊スポット写真集・廃墟編』（監修、東京キララ社）など多数。

近年はテクニカルダイバーの資格を取得し、海中の廃墟である沈船を30隻以上探索。

装　幀　井上則人
本文割付　土屋亜由子（井上則人デザイン事務所）
編集協力　河田朋裕

ニッポン怪《かい》物《ぶっ》件《けん》

2024年6月25日　初版発行

著　者　栗原《くりはら》 亨《とおる》

発行所　株式会社 二見書房

東京都千代田区神田三崎町2-18-11
電話　03(3515)2311［営業］
　　　03(3515)2313［編集］
振替　00170-4-2639

印　刷　株式会社 堀内印刷所
製　本　株式会社 村上製本所

落丁・乱丁本はお取り替えいたします。

定価は、カバーに表示してあります。

©Toru Kurihara 2024, Printed in Japan

ISBN978-4-576-24031-2
https://www.futami.co.jp/